Sport bringt mich weiter

Moris Hanna

Dein Weg Richtung Erfolg, Glück und Lebensfreude im Leben.

Moris Hanna

Sport bringt mich weiter

Alle Rechte am Werk liegen beim Autor:

Moris Hanna

Almstraße 7

77770 Durbach

info@mhberatung.com

2. Auflage Januar 2024

© 2024 Moris Hanna

Verlag: BoD · Books on Demand GmbH, In de Tarpen 42, 22848 Norderstedt, bod@bod.de
Druck: Libri Plureos GmbH, Friedensallee 273, 22763 Hamburg

ISBN: 978-3-7431-3579-6

„Liebe den Weg zu deinem Ziel"

„Dieses Buch widme ich all meinen Freunden und meiner Familie"

Inhaltsverzeichnis

Vorwort 6

1. Träumen und sich Ziele setzen 8

2. Selbstdisziplin, Gewohnheiten und Ordnung 15

3. Den inneren Schweinehund überwinden 16

4. Umgang miteinander 17

5. Fleißig, hungrig und beständig sein 21

6. Einfachheit 24

7. Mut und Wille 25

8. Positiv und optimistisch bleiben 27

9. Körpersprache - der erste Eindruck zählt 31

10. Lernen, mit Druck umzugehen 32

11. Spielertypen – ein Team 34

12. Köpfe des Teams – die Trainer 37

13. Auf die Jugend setzen 40

14. Das Wesentliche im Auge behalten 41

15. Konzentration – Fokus 42

16. Richtige Ernährung 44

17. Fehler machen und aus ihnen lernen 49

18. Rückschläge verarbeiten und entspannen 53

19. Spaß, Sinn und Leidenschaft ………………………………………….. 56

20. Glaube/ Spiritualität …………………………………………………… 60

21. Voraussetzung für den Erfolg – TUN / Erschaffen………………. 61

Epilog – Fußball Sport verbindet ……………………………………..65

Dankesworte ………………………………………………………………..66

Vorwort

Wie kam ich auf die Idee, dieses Buch zu schreiben?

Sport hat mir sehr viel gegeben in meinem Leben. Es war nicht die Schule oder der Beruf, der mich in meiner Persönlichkeit hat reifen lassen, sondern der Sport. Versteht das bitte nicht falsch. Ich will nicht sagen, dass der Sport wichtiger sei als die Schule. Nein! Aber durch den Sport habe ich mein Selbstbewusstsein und meine Persönlichkeit gestärkt und ausgebaut. Konkret durch Fußball. Ich habe Werte mitbekommen, die mir im Beruf und im Leben geholfen haben. Deshalb ist mir die Idee gekommen, dies in einem Buch niederzuschreiben und an viele Menschen weiterzugeben. Ich habe im Beruf so viele Parallelen zum Sport erkannt und immer wieder gedacht, dass ich dies im Sport schon mal erlebt habe.

So wie Du Dich im Sport gibst, so wirst Du später auch im Beruf sein - bist Du pünktlich im Sport, bist Du diszipliniert, ehrgeizig, zuverlässig, dann wirst Du dies auch im Beruf sein. Das sind alles Kriterien, die im Sport und auch im beruflichen Bereich zu den wichtigen Erfolgskriterien gehören. Hast Du Erfolg im Sport, wird sich dies auch auf Deinen beruflichen Erfolg auswirken. So wie du Dinge im Kleinen tust, tust Du sie auch im Großen. Wie Du dies verbinden kannst und wo ich Parallelen sehe, werde ich Dir in diesem Buch veranschaulichen. Die Beispiele, die ich hier erwähne, habe ich zum Teil selbst erlebt. Sie haben mir geholfen, heute glücklich und erfolgreich zu sein.

Das Schöne am Sport und am Fußball ist - egal ob beim Bundesligist FC Bayern oder im Amateurbereich in der Kreisliga -, es sind immer dieselben Voraussetzungen für den Erfolg entscheidend. Es geht immer um die elf Männer, die ihr Bestes dafür geben, als Gewinner vom Platz zu gehen. Es zählen dieselben Kriterien für den Erfolg, nur dass auf einem anderen Niveau gespielt wird.

Des Weiteren stärkt der Sport und die Bewegung generell das Immunsystem und somit deine Gesundheit und gerade in dieser Zeit, ist es umso wichtiger sich diesem Thema mehr denn je zu widmen. Ich freue mich, dass ich mit diesem Buch dazu beitragen kann dich in den Erfolg zu bringen und in deine Gesundheit.

Ich habe sehr viele Biographien und Erfolgsbücher gelesen und das Wichtigste davon hier in diesem Buch eingebracht.

Bitte sehe es mir nach, wenn ich die Beispiele oft am Fußball festmache oder auch nicht auf die männliche und weibliche Komponente eingehe. Dasselbe gilt in anderen Sportarten, und es gilt genauso für Frauen. Ebenfalls duze ich Dich der Einfachheit halber.

Jetzt reicht es mit den Vorworten! Nun darf ich Dir viel Spaß beim Lesen wünschen…

Moris Hanna

1. Träumen und sich Ziele setzen

Lange konnte ich mich nicht entscheiden, mit welchem Kapitel ich anfange - entweder mit „Selbstdisziplin, Gewohnheiten und Ordnung" oder mit einem anderen Kapitel. Aber ich habe mich dann doch für dieses entschieden, weil „Träume und sich Ziele setzen" für mich eines der wichtigsten Kapitel und Parallelen zum Beruf ist. Es ist die Voraussetzung für Vieles. Es ist in diesem Buch eines der längsten Kapitel. Also bitte ich um Konzentration und höchste Aufmerksamkeit ☺ - lies dieses Kapitel mehrmals durch!

⚽ Häufig wissen viele Menschen nicht, wohin sie wollen, und setzen sich überhaupt keine Ziele, im Sport wie auch im Leben. Sie leben in den Tag hinein und warten ab, was passiert. Beginne Dich damit zu beschäftigen, wo Du im beruflichen, im sportlichen, im privaten und im finanziellen Bereich hinmöchtest. Wo möchtest Du am Ende deines Lebens stehen? Das Ziel muss nicht immer mit Geld zu tun haben oder etwas Materielles sein. Es kann z. B. ein Ziel sein, Chinesisch zu lernen oder eine Weltreise zu machen. Sich ein Ziel zu setzen heißt, besser werden zu wollen, etwas zu unternehmen und daran zu wachsen. Nicht einfach zu Hause zu sitzen und nichts zu tun. Du musst Dich entwickeln, besser werden wollen. Entwickeln bedeutet auch, sich freiwickeln. Sich ent – wickeln, sich entfalten. Du hast alles in Dir; Du musst es nur entwickeln.

Wenn Du nicht wachsen und Dich nicht entwickeln willst, dann brauchst Du das Buch nicht mehr zu lesen. Dann kannst Du es jetzt weglegen, es verschenken, und Dir die Zeit mit etwas anderem vertreiben. Wenn Du Dich verbessern und entwickeln willst, dann bleib dran und ich wünsche Dir viel Spaß dabei.

Wie Du Dir die richtigen Ziele setzt, sage ich Dir in den folgenden Abschnitten:

1. Dein Ziel muss motivierend sein

Du solltest immer überprüfen, ob das Ziel, das Du mit voller Aufmerksamkeit ansteuerst, Dich auch wirklich interessiert. Verändert das Ziel, wenn Du es erreichst, Dein Leben positiv? Spürst Du ein Kribbeln in Dir, wenn Du daran denkst, es geschafft zu haben? Du solltest das Ziel mit jeder Faser Deines Körpers erreichen wollen.

2. Dein Ziel muss erreichbar sein

Ob Du ein Ziel erreichen kannst oder nicht, liegt in erster Linie daran, ob Du daran glaubst. Ich stelle Dir hier nicht die Frage, ob das gewählte Ziel theoretisch erreichbar ist, denn das kannst Du selbst einschätzen. Es geht vielmehr darum, ob Du daran glaubst, dass Du das Ziel erreichen kannst. Wenn Du davon nicht hundertprozentig überzeugt bist, ist alles Weitere sinnlos. Dann solltest Du entweder an Deinem Selbstbewusstsein arbeiten, um Dir mehr zuzutrauen, oder Dir ein kleineres Ziel suchen. Aber Achtung: Kleine Ziele motivieren oftmals nicht so sehr.

3. Dein Ziel muss messbar sein

Füge Deinem Ziel einen messbaren Wert hinzu, wie z. B.: Ich schieße 20 Tore, um mit meinem Team die Meisterschaft zu erreichen und am Ende der Saison auf Platz eins zu stehen.

4. Dein Ziel muss individuell sein und dem Team helfen, das Gesamtziel zu erreichen

Das Ziel, 20 Tore zu schießen und möglichst alle Trainingseinheiten mitzumachen, ist individuell und hilft auch dem Team.

5. Dein Ziel muss zeitlich fixiert sein

Ein zeitlich fixiertes Ziel ist z. B.: „Bis zum 30. 06. 2019 erreiche ich das".

6. Dein Ziel muss positiv formuliert sein

Bringe mit Deiner Zielsetzung klar zum Ausdruck, was Du willst und nicht, was Du nicht willst. Vermeide negative Ausdrücke und Wörter wie „nicht", „kein" oder „weniger", denn damit lenkst Du Deine Aufmerksamkeit genau auf das, was Du nicht willst. Z. B. ein Torwart sollte sich nicht das Ziel setzen, dass er dieses Mal keinen Gegentreffer im Spiel bekommt, sonst konzentriert er sich auf das Negative. Es ist besser, zu sagen: „Ich wehre heute alle Bälle ab".

Erfolge sind Ziele mit detaillierter Wegbeschreibung und einem Enddatum, an dem das Ziel erreicht sein kann.

Was sehr hilfreich sein kann, um Deine Ziele zu erreichen, ist, „Wenn-dann-Verknüpfungen" zu erstellen, z. B. „Ich erreiche meine Ziele, wenn ich regelmäßig dienstags und donnerstags zum Training gehe". Dadurch steigt die Chance, mein persönliches Ziel, „20 Tore zu schießen", zu erreichen und demzufolge auch das Teamziel, „Meister zu werden". Du solltest Ort und Zeit genau benennen; diese erinnern uns an unsere Pläne und Ziele. Je mehr Du Wenn-dann-Gewohnheiten einbaust, umso schneller und erfolgreicher wirst Du Deine Ziele erreichen.

Es wurde festgestellt, dass Wenn-dann-Planer ihre Ziele mit einer 300 Prozent höheren Wahrscheinlichkeit erreichen als andere Menschen.

Als ich dieses Buch geschrieben habe, habe ich mir ein Ziel gesetzt, es bis zur Europameisterschaft 2016 herauszubringen. Als Teilschritt habe ich mir gesetzt, dass meine Frau es zu Weihnachten 2014 zum Korrekturlesen bekommen sollte. Ich habe es nicht geschafft, es ihr bis dahin vorzulegen, weil ich keine kleineren Teilziele für das Teilziel Korrekturlesen definiert hatte. Nach Weihnachten habe ich mir dann zweimal in der Woche einen Termin gesetzt, montags und donnerstags abends an meinem Buch zu schreiben, und habe mir vorgenommen, es bis Ostern 2015 meiner Frau zum Korrekturlesen zu geben. Durch das konkrete Setzen von den wöchentlichen Teilzielen habe ich es auch geschafft. Ich habe viele andere Termine abgesagt, weil für mich klar war, meinen Fokus setze ich am Montag und Donnerstag auf mein Buch. Meine Motivation war, dieses Buch fertigzustellen, um vielen Menschen zu helfen und sie zu motivieren, ihre Ziele zu finden und die Parallelen zwischen Sport und Beruf zu erkennen.

Finde ein motivierendes Ziel für Dich und gehe mit maximalem Fleiß und Arbeit daran, es zu erreichen. Setze Dir konkrete Teilziele, um das große Ziel zu erreichen. Dann stelle Dir vor, dass Du das Ziel erreichst.

Nur wenn Du Dir vorstellen kannst, mit Deiner Mannschaft Fußballmeister zu werden oder Torschützenkönig zu sein, wirst Du es schaffen. Es sich vorstellen zu können, ist der erste Schritt dazu. Wenn Du es Dir nicht vorstellen kannst, dann willst Du es nicht und wirst es auch nicht erreichen. Du musst es wollen, davon träumen und daran glauben. Glaube an dich und Deine Träume. Setze Dir Träume und Ziele und tue viel dafür, um diese zu erreichen. Trainiere immer, wenn es geht, sei pünktlich, mache mehr, als von Dir verlangt wird - dann wirst Du es erreichen. Dein Glaube an Deinen Erfolg unterstützt Dich dabei, Deine Ziele zu erreichen. Schreibe Dir Deine Ziele auf. Sorge dafür, dass Du an Deine Ziele erinnert wirst. Schreibe sie auf und lege sie dahin, wo Du sie immer wieder siehst - mache sie zum Bildschirmhintergrund auf Deinem Smartphone oder Laptop, oder schreibe sie Dir auf einen Zettel und lege Dir diesen in den Geldbeutel. Schneide Dir Bilder aus Zeitschriften aus und hänge sie Dir in Dein Zimmer. Träume immer wieder bewusst einige Minuten von den schönen Dingen, die Du erreichen willst. Am besten morgens nach dem Aufstehen und abends vor dem Einschlafen. Fühle, sehe und glaube während des Lesens, das du am Ziel bist deiner Träume. Dies wird Dich antreiben und Dir einen Sinn geben, nämlich diese Ziele erreichen zu wollen und viel dafür zu tun. So machen es ja auch alle Vereine: Sie setzen sich das Ziel, Meister zu werden, am Ende der Saison unter den ersten drei zu stehen, oder den Klassenerhalt in der Liga zu schaffen...

Wer sich keine Ziele setzt, kommt nirgendwo an. Traue Dir zu, auch große Ziele zu formulieren. Habe keine Angst vor den großen Zielen. Wenn Du sie nicht erreichst, dann probierst Du es halt noch mal und nimmst einen neuen Anlauf, bis es klappt. Überlege Dir, was Du von ganzem Herzen willst, und richte Deine Gedanken daraus aus. Setze Deinen Fokus auf dieses Ziel und Du wirst es erreichen. Und wenn Du es erreicht hast, belohne dich dafür, z. B. mit einem leckeren Essen oder einem Kurzurlaub...

Deine Ziele können auch nicht materielle Erfolge sein: Du kannst sagen, ich möchte fitter sein und öfters Sport treiben, eine Fremdsprache lernen, oder Klavier spielen können. Auch hier gilt dasselbe: Nur wenn man es wirklich will und davon träumt, wird man es schaffen. Ohne mentale Vorstellung gibt es keine praktische Erschaffung. Allein die bildliche Vorstellung zukünftiger Erfolge setzt Glückshormone und Energie frei. Du solltest bei den Traumwünschen da anknüpfen, wo Du gewisse Talente und Stärken hast. Wenn jemand nicht malen kann, sollte er nicht davon träumen, dass sein Gemälde für Millionen verkauft wird. Jemand, der unsportlich ist, wird nicht der neue Lionel Messi bei Barcelona sein. Hier solltest Du Dich auf Deine Eignungen und Neigungen besinnen. Du solltest mit Freude an die Sache ran gehen.

Nachdem Du Dir Deine Ziele ausgemalt hast und festgelegt hast, wohin Du willst, solltest Du Dir folgende wichtige Frage stellen: Wofür und Warum willst du das Ziel erreichen?

Das „Wohin?" allein hilft nicht weiter, sondern ergibt nur Sinn in Kombination mit dem „Warum?" und dem „Wofür?". Warum will ich eine bestimmte Summe an Geld verdienen? Um dreimal in Urlaub fahren zu können und die Welt (Kuba, Afrika und Bali) zu entdecken oder meiner Familie mehr bieten zu können oder mehr in Abenteuer und Spaß zu investieren.

Als Nächstes solltest Du Dir aussuchen, welches Dein wichtigstes Ziel ist, auf das du Deinen Fokus setzen sollst und alles darauf aufbaut. Das sollte Dein Ziel Nummer eins sein und davon darfst Du nicht abrücken. Du solltest Dich nicht zwischen vielen Zielen verirren, weil man nicht 100 Sachen auf einmal verfolgen kann. Deshalb suche nach dem, was für Dich am wichtigsten ist, und konzentriere Dich auf die Verwirklichung des Hauptzieles. Mache Dir eine Tabelle mit einem Zeitkorridor, bis wann Du das Ziel erreichen willst - z. B. „ich bin mit meinem Team bis zum Jahr 2015/16 Meister und schieße in dieser Saison 20 Tore".

Ziele müssen auch nicht in Stein gemeißelt sein. Wenn Du Dir vor Jahren ein Ziel gesteckt hast und es mittlerweile nicht mehr wichtig für Dich ist, dann ändere es und halte nicht daran fest. Habe keine Scheu, es anzupassen. Es bringt nichts, wenn Du es weiterhin probierst, obwohl Dein Fokus und Dein Interesse sich verändert haben. Du darfst diese jederzeit ändern. Ziele können sich immer wieder bestimmten Lebenssituationen anpassen. Als 16-Jähriger hast Du andere Ziele und Interessen als mit 30 Jahren. Manchmal ändern sich bestimmte Dinge in Deinem Leben, die das Erreichen eines Ziels unrealistisch machen. Es darf keine permanente Belastung für Dich sein, dass Ziel zu erreichen. Wenn Du nur schlaflose Nächte hast, um das Ziel zu erreichen, dann verzichte lieber darauf. Der Weg, das Ziel zu erreichen, muss Dir Spaß machen. Wenn das nicht so ist, dann weißt Du, dass Du an Deinem Ziel etwas ändern solltest.

Ein passendes Beispiel, sich ein Ziel zu setzen und den Willen dafür aufzubringen, ist Fußballspieler Sami Khediras Geschichte:

Sami Khedira hatte im November 2013 einen Kreuzbandriss. Die Weltmeisterschaft war sieben Monate später in Brasilien. Sami Khedira hat sich das Ziel gesetzt, bei der WM in Brasilien dabei zu sein, und hat daran geglaubt. Er hat den Willen und den Ehrgeiz gehabt, den Traum von der Weltmeisterschaft und dem Titel zu verwirklichen. Er hat alles dafür gemacht. Er wurde einer von den Sportlern, die am schnellsten einen Kreuzbandriss überwunden haben und wieder ein Pflichtspiel bestritten haben. Im Juli 2014 wurde er Weltmeister. Es war sein Ziel und sein Traum und er hat es geschafft. Er hat sein Ziel nie aus den Augen verloren.

Danach hat er einen Eintrag auf seiner Facebook Seite veröffentlicht:

„15. 11. 2013: Kreuzbandriss in Mailand
16. 11. 2013: Dr. Andree Ellermann, Deutschlands Kreuzbandexperte Nummer Eins: „Khedira wird es nicht zur WM schaffen."
Lothar Matthäus: „Ich glaube, das war's mit der WM für Sami Khedira. Ich kenne das von meinen eigenen Verletzungen. Er wird es bis zum Sommer nicht schaffen, auf ein Top Niveau zu kommen."
24. 05. 2014 (6 Monate und 9 Tage nach der Verletzung): Champions League Sieger
13. 07. 2014 (7 Monate und 28 Tage nach der Verletzung): Weltmeister.

Leute, was ich Euch damit sagen will: Egal, wie aussichtslos die Situation ist, mit dem eigenen Willen und der inneren Stärke könnt Ihr unglaublich viel erreichen. Glaube, Kampf und Ehrgeiz können so viel freisetzen. Das ist der Schlüssel zum Erfolg. Ich bin 3 Monate durch die Hölle gegangen, habe mich komplett in einem kleinen Dorf abgeschottet, um ein Ziel zu erreichen: Weltmeister in Brasilien zu werden. Es hat sich gelohnt."

Im Beruf ist es dasselbe: Unternehmen setzen sich jedes Jahr Ziele, z. B. einen bestimmten Umsatz zu erreichen oder neue Märkte zu eröffnen. Jeder versucht dann in seiner Abteilung, seine Leistung zu erbringen, um das Ziel zu erreichen. Die Zielsetzung gibt den Mitarbeitern jedes Jahr Orientierung, was zu erreichen ist.

Setze Dir Ziele. Träume davon, einen Geschäftswagen zu fahren. Träume davon, genug Geld zu verdienen, um oft in Urlaub fahren zu können und die Welt zu entdecken und zu bereisen. Setze Dir als Ziel, die stärkste Umsatzentwicklung mit deiner Abteilung zu erreichen oder eine Beförderung zur Führungskraft zu werden. Nehme dir vor in einer bestimmten Zeit ein bestimmtes Gehalt zu verdienen. Es müssen auch keine monetären Ziele sein. Es kann vielleicht Dein Ziel sein, einmal ein guter Chef mit vielen Mitarbeitern zu sein und Deine eigene Firma zu haben, die sehr erfolgreich ist. So wirst Du immer motiviert sein, weiter zu machen, durchzuhalten, beständig und ehrgeizig an Deinen Zielen zu arbeiten.

So wirst Du im Beruf und im Sport Leistung bringen. Träumen und es sich vorstellen sind die ersten Schritte, diese Träume zu verwirklichen.

„Ziele kannst Du Dir für die Zukunft setzen, aber leben kannst Du nur heute"

Dieses Zitat soll Dich daran erinnern, wie wichtig es ist, auf dem Weg zu Deinen Zielen zu leben und Spaß zu haben. Also verkrampfe Dich nicht, sondern lebe und genieße den Weg zu Deinem Ziel ☺.

2. Selbstdisziplin, Gewohnheiten und Ordnung

Wikipedia Definition der Selbstdisziplin: „Selbstdisziplin oder Selbstbeherrschung bezeichnet ein stetiges und eigenkontrolliertes Verhalten, das einen Zustand aufrechterhält oder herbeiführt, indem es Anstrengungen aufwendet, die den Ablenkungen von einer Zielvorgabe entgegenwirken."

Selbstdisziplin heißt, auf Dinge zu verzichten oder sie nicht zu tun, um seine Ziele zu erreichen; z. B. kein Alkohol zu trinken, sich nicht ablenken zu lassen und der Trägheit nicht nachzugeben. Lernen zu bestimmten Dingen Nein zu sagen. Also Einflüsse zu vermeiden, die einem auf dem Weg zu einem bestimmten Ziel hinderlich oder sogar schädlich sein können. Wenn man diese Dinge nicht unterdrücken kann, sollte man sie hintenanstellen.

 Disziplin und Ordnung sind im Sport sehr wichtig.

Bin ich immer beim Training? Bin ich pünktlich? Habe ich den Trainingsanzug zum Spiel an? Halte ich in meiner Tasche Ordnung? Habe ich meine Trainingssachen dabei, wie Kickschuhe, Schienbeinschoner, Handtuch ...?

Auch wenn es Dich Überwindung kostet, solltest Du zum Training gehen. Wer immer beim Training ist, verbessert sich und entwickelt sich. Auch wenn Du heute keine Lust hast - überwinde Deine Trägheit. Sei diszipliniert und gehe zum Training. Es gibt viele Beispiele dafür, dass Talente eine große Karriere nicht einschlagen, weil die Voraussetzung der Disziplin fehlt.

Diese ist eine Grundvoraussetzung für den Erfolg im Sport, aber auch im Beruf.

Im Beruf sind Disziplin und Ordnung sehr wichtige Aspekte. Man kommt ohne diese in unserer heutigen Wirtschaft immer noch nicht aus. Es ist respektvoll, pünktlich zu den Terminen zu kommen und pünktlich auf der Arbeit zu erscheinen. Wer immer fleißig und interessiert seine Arbeit leistet, wird sich auch hier entwickeln. In diesem Bezug sind Disziplin und Ordnung sehr wichtig! Wenn ich im Beruf meinen Schreibtisch immer sauber und aufgeräumt halte, behalte ich den Überblick über meine Unterlagen und weiß, wo was abgelegt ist, und ich finde die Dinge schneller. Das nenne ich Ordnung und Disziplin im Beruf. „Ordnung ist das halbe Leben". Fange damit an, Deinen Desktop auf Deinem PC aufzuräumen und Deine Dateien zu sortieren, damit Du wichtige Dokumente und Informationen möglichst schnell findest. Favoritenlisten helfen Dir dabei, auch im Internet möglichst schnell die Seiten aufzurufen, die Du häufiger benötigst. Das schafft Platz für neue Gedanken, hilft Dir dabei, einen klaren Kopf zu bewahren, und ist somit für die Stressbewältigung förderlich.

Gewohnheiten beschreiben Verhaltensweisen, die durch häufiges Wiederholen routiniert wurden. Hier sollst du dir bewusst machen was für schlechte Gewohnheiten du hast, um diese nach und nach zu ersetzen durch gute Gewohnheiten. Z.B. Abends isst du sehr viel Süßigkeiten und Chips. Diese Gewohnheit kannst du ersetzen durch das Essen von Obst und Gemüse.

3. Den inneren Schweinehund überwinden

⚽ Draußen regnet es schon den ganzen Tag. Es ist sehr trüb und dunkel. Heute Abend ist Training und Du hast überhaupt keine Lust, zum Training zu gehen. Die Couch im Wohnzimmer lacht Dich an und der innere Schweinehund meldet sich: „Bleibe zu Hause und mache es Dir bequem!" Diese Situation kennt jeder. Lieber würde man den Abend auf der Couch verbringen und einen Film schauen. Hier ist es wichtig, seinen inneren Schweinehund zu überwinden und trotzdem zum Training zu gehen. Jede Einheit bringt Dich weiter. Du zeigst dem Trainer, dass er sich auf Dich verlassen kann und dass das Wetter Dich nicht abschreckt. So wie man trainiert, so spielt man auch! Es scheint nicht immer die Sonne, und der Himmel ist nicht immer blau. Das gilt sowohl im Leben, als auch im Sport und im Beruf.

Man kann den inneren Schweinehund nicht für immer loswerden, da braucht man sich nichts vorzumachen. Aber entscheidend ist, sich nicht von seiner Faulheit dominieren zu lassen! Es ist keine Tragödie, wenn Du Dich mal nicht zum Training zwingen kannst. Doch am Ende musst Du für Dich sagen können, dass Du Dein Bestes gegeben hast, um Dein Ziel zu erreichen. Diejenigen, die auf dem Fußballplatz auffallen und irgendwann in der Bundesliga spielen, sind diejenigen, die immer zum Training gegangen sind, und die immer etwas mehr getan haben, um besser zu sein als ihre Mitspieler. Die Bundesligaspieler haben in jungen Jahren auch mal in der Kreisliga angefangen, sind dann entdeckt worden und haben zu höherspielenden Vereinen gewechselt.

So ist das auch im Beruf. Du hast keine Lust auf die Arbeit, weil Du am Tag zuvor lange wach warst und mit Freunden gefeiert hast. Trotzdem heißt es hier, den inneren Schweinehund zu überwinden und zur Arbeit zu gehen. Pünktlichkeit, Disziplin und Zuverlässigkeit sind hier gefragt. Der einfachste Weg wäre, sich vom Arzt einen Krankenschein abzuholen. Hier gilt es, dem inneren Schweinehund standzuhalten. Nur wenn Du stärker bist als Dein innerer Schweinehund, kannst Du Deine Ziele und Träume verwirklichen und somit womöglich im beruflichen, im persönlichen und im sportlichen Bereich ein schönes Leben führen.

4. Umgang miteinander

Wir leben alle in einer großen Gemeinschaft. Im Leben hat man immer Kontakt zu anderen Menschen. Deshalb ist es wichtig, mit seinen Mitmenschen, Freunden, Geschwistern, Eltern usw. gut auszukommen. Ob im Sportverein oder im Beruf, es geht immer um Beziehungen zu anderen Menschen. Du bist nicht als Einzelkämpfer geboren, sondern als Teil einer Gemeinschaft. Fairness und ein guter, ehrlicher Umgang miteinander sind ganz wichtige Aspekte. „So wie man in den Wald hineinruft, so schallt es zurück". Spiele ich aggressiv auf dem Platz, bekomme ich die Aggressivität zurück. Foule ich und spiele unfair, kann ich vielleicht kurzfristig damit etwas erreichen, aber dann benutzen die Gegner dieselben Mittel, die Situation artet aus, und sogar die Zuschauer lassen sich von der negativen Art mitreißen. Du hast auf diese Weise vielleicht kurzfristig das erreicht, was Du wolltest, aber langfristig erreichst Du so Deine Ziele nicht. Du gewinnst ein Spiel, aber eine Meisterschaft gewinnst Du damit nicht. Sei fair.

Ein weiterer wichtiger Aspekt im Umgang miteinander ist der Respekt.

Respekt bezeichnet eine Form der Wertschätzung, Aufmerksamkeit und Ehrerbietung gegenüber einem anderen Lebewesen (Respektsperson) oder einer Institution z. Bsp. deinem Trainer, Mitspieler, Eltern, Freunde…

Zum richtigen Umgang gehört auch, Sachen anzusprechen, die Dich stören. Ein Trainer kann nicht in einen Spieler hineinsehen und seine Probleme und Gefühle erahnen. Wenn Du nicht auf der Position spielst, die Du am liebsten spielst, besprich es mit deinem Trainer. Wenn Dich etwas belastet und Dich nicht frei spielen lässt, dann gehe zu Deinem Trainer. Sprich ihn auf das Problem an. Du musst nicht alles alleine lösen, dafür sind Trainer da. Ottmar Hitzfeld hat mal geschrieben: „Als Trainer versucht man immer zu orten, wo ein Spieler gerade steht. Aber vieles bleibt einem immer verborgen. Zumal wenn einer verschlossen ist." Nur wenn die Trainer wissen, wie Du Dich fühlst, können sie auf Dich eingehen. Du bist nicht schwach, wenn Du mit anderen über Deine Gefühle sprichst. Im Gegenteil; Du bist stark, wenn Du es tust. Man kann nämlich nicht immer zu 100 Prozent funktionieren wie eine Maschine. Der Mensch macht auch Fehler, er braucht seine Pausen und Ablenkung, um zu regenerieren und neue Kraft zu tanken.

Sebastian Deisler war so ein Spieler. Er war sehr verschlossen und hat sich nicht mitgeteilt. Er hat mit niemandem über seine Gefühle gesprochen. So konnte es dann soweit kommen, dass er an Depressionen erkrankt ist und seine Karriere unter hohem Druck frühzeitig beenden musste.

Wenn Du ein Problem mit einem Mitspieler hast, besprich es mit dem Spieler. Gehe auf ihn zu und sage ihm, was Dich stört, egal was es ist. Nur wenn Du bereit bist, auf ihn zuzugehen und mit ihm über Dein Problem zu sprechen, kannst Du es auch lösen. Das ist der richtige Weg für alle Beteiligten. Sei offen und ehrlich. Wenn Du die Probleme nicht ansprichst, kommen nur weitere Probleme dazu. Und schnell kann aus einem kleinen Problem ein sehr großes werden. Je länger Du wartest, desto schwieriger wird es, das Problem zu lösen. Am Anfang hast Du die Chance, das Problem zügig zu beheben, wenn Du es gleich ansprichst.

Falls Du mit dem Betroffenen nicht gleich sprechen möchtest, sage es einer Vertrauensperson. Sie wird Dir helfen, eine Lösung zu finden.

Sprich über Deine Gefühle. Das gibt Dir Selbstbewusstsein. Du musst nicht perfekt sein und darfst Fehler machen.

Jeder Mensch braucht jemanden, um seine Gefühle loszuwerden: einen Freund, eine Freundin, Partner, Partnerin, Geschwister, Onkel, Eltern oder Mitspieler. Eine Vertrauensperson, mit der man über alles sprechen kann, ist wichtig. Egal wer es ist, Hauptsache, Du hast jemanden. Bei negativen Erlebnissen hilft es, mit verständnisvollen, vertrauten Menschen zu sprechen. Das Erlebte wird dabei analysiert, organisiert, besser verstanden und letztlich verarbeitet.

Im Beruf ist es genauso wie im Sport. Bin ich fair und ehrlich zu den Kollegen, werden diese ebenfalls ehrlich und fair zu mir sein. Wer mit Worten, Taten und Gedanken Unkraut sät, wird über kurz oder lang Unkraut ernten. Nur ein langfristiges Denken bringt Dich hier weiter, um Deine Ziele und die des Unternehmens zu erreichen. Für den Erfolg braucht es Ehrlichkeit und Fairness. Du kannst Deine Ziele nachhaltig immer nur über die Ehrlichkeit erreichen. Du kannst auch mit Unehrlichkeit etwas erreichen; das ist aber meist nicht von langer Dauer und hat keine lange Wirkung, da es irgendwann immer auffliegt und Du dann sehr tief fallen kannst.

Du solltest im Beruf auch alle Kollegen gleich behandeln, vom Chef zu den Arbeitskollegen und vom Auszubildenden bis hin zum Reinigungspersonal. Alle sind gleich wichtig und sollten mit Respekt behandelt werden. Es sind alles Menschen, die auf ihrer Position wichtig sind für die Erreichung der Ziele und den Erfolg des Unternehmens. Ohne die Reinigungskraft wären die Arbeitsplätze und sanitären Anlagen nicht sauber und Du würdest Dich nicht wohlfühlen, um Deine Arbeit gut erledigen zu können. Der Kollege springt für Dich ein, falls Du krank oder im Urlaub bist. Der Chef führt und motiviert die Mitarbeiter und ist für Dich da. Alle sind wichtig in ihrem Tun. Jeder ist ein Rädchen in einem komplexen Uhrwerk. Wenn ein Rad nicht mehr funktioniert, fällt das Gesamtuhrwerk aus. Jeder ist wichtig für das Gelingen und Erreichen der gesteckten Ziele. Mit Respekt, Fairness und Ehrlichkeit kommst Du am weitesten.

Ottmar Hitzfeld hat es als Trainer so vorgelebt. Er ist jedem gleich begegnet, egal, ob es ein vermeintlicher Star war oder ein angeblicher Wasserträger. Mit Überzeugung hat Hitzfeld ein System der Gerechtigkeit gelebt, untermauert von einer Seriosität, die er überall ausgestrahlt hat, wo er aufgetreten ist.

Sprich die Probleme, die Du mit den Kollegen hast, direkt an und versuche, das Problem oder den Konflikt zu lösen. Wenn Du das Problem nicht löst, beschäftigst Du Dich nur damit und es hindert Dich an Deiner Arbeit und Deiner Entwicklung. Das Problem beschäftigt Dich dann so sehr, dass Du viele wichtige Dinge nicht mehr siehst und erkennst. Du verlierst Deine Ziele aus den Augen und verfolgst sie nicht mehr. Oft ist das Problem durch ein Vier-Augen-Gespräch schnell behoben und gelöst.

Du solltest über Deine Gefühle auch mit anderen vertrauten Personen sprechen. Diese helfen Dir, das Problem zu lösen. Manchmal verschafft Dir alleine das Sprechen und Austauschen über Deine Gefühle mit anderen Erleichterung und Selbstbewusstsein. Wichtig ist auch hier, Dir etwas zuzutrauen und nicht alles in Dich hinein zu fressen. Also suche Dir jemanden, dem Du alles anvertrauen kannst, wie Eltern, Geschwister, Freunde oder Partner ...

Im Beruf wirst Du auf diese Art sehr weit kommen. Mit Deinem Chef solltest Du offen und ehrlich umgehen können. Wenn Du mal nicht Deine volle Leistung bringen kannst, da es in der Familie oder im Privatleben zu Problemen kommt, dann teile es Deinem Chef mit; nur so weiß er, warum Du nicht Deine volle Leistung erbringen kannst. Sei offen und ehrlich zu Deinem Chef.

Pflege Geschäftsbeziehungen. Du wirst immer nur mit Beziehungen erfolgreich. Kümmere dich um deine Kunden und um deine Geschäftskontakte. Kontaktiere diese zu wichtigen Anlässen. Nehme die Einladungen an, die du von ihnen erhältst und suche den direkten Kontakt zu diesen. Ein sehr großer Hebel für deinen Erfolg wird dein Netzwerk sein. Wichtig ist hier zu erwähnen, dass du dich von krimineller Energie fernhältst und damit auch dein Netzwerk schützt.

5. Fleißig, hungrig und beständig sein

„Harte Arbeit schlägt Talent, wenn das Talent nicht auch hart arbeitet."

(unbekannter Autor)

⚽ Sei fleißig und beharrlich. Jemand, der als erstes beim Training ist und nach dem Training der letzte ist, der den Trainingsplatz verlässt, ist fleißig. Wenn freiwillig eine Zusatzschicht eingelegt wird, um die Schussstärke oder das Kopfballtraining zu verbessern, zeugt das von Fleiß. Dadurch verbesserst Du Dich und gewinnst die Aufmerksamkeit des Trainers. Du zeigst, dass Du bereit bist, viel für den Verein und für Dich selbst alles zu tun, um Dich zu verbessern. Wenn der Trainer das weiß, wird er Dich auch fördern und entwickeln wollen. Ein weiteres Beispiel ist, wenn in der Vorbereitungszeit verlangt wird, acht Läufe zu machen. Mache nicht die acht, sondern zehn Läufe. So, wie Du trainierst, so spielst Du auch. Gehe in der Vorbereitungszeit an Deine Grenzen. Gehe dahin, wo es wehtut. Mohammed Ali, einst der weltbeste Boxer, hat gesagt, er hat erst angefangen, die Liegestützen zu zählen, als er nicht mehr konnte. Ab da hat er angefangen, an seine Grenzen zu gehen.

Das Training ist immer noch die Voraussetzung für alles. Egal wie viel Talent Du hast, wenn Du nicht zum Training gehst und fleißig an Dir arbeitest, dann wird Dir das beste Talent nichts nützen. Ohne Übung und Training funktionieren nicht einmal die Organe. Jeder stillgelegte Muskel verkümmert und wird schwach. Ein wichtiger Faktor für Deinen Erfolg ist nicht Talent, sondern Fleiß!

Wenn Du erfolgreicher als ein Durchschnittsspieler werden willst, dann solltest Du auch intensiver und mehr trainieren als er. Bleibe so lange am Ball, bis Du Deine Ziele erreicht hast, und halte durch. Lass Dich nicht von Deinem Weg abbringen. Aufhören ist immer einfach – weitermachen dagegen ist oft schwierig. Sollte es mit der Meisterschaft in dem einen Jahr nicht klappen, stecke nicht den Kopf in den Sand, sondern mache weiter und greife in der neuen Saison wieder an, um die Meisterschaft dann einzufahren. Verloren hast Du nur, wenn Du es nicht mehr probierst. Hartnäckigkeit lässt mindestens ebenso gut auf zukünftige Erfolge schließen wie das Talent.

Das ist besonders der Fall, wenn es Gegenwind gibt - egal von welcher Seite der Gegenwind kommt, ob von den Eltern, Geschwistern, Freunden oder Großeltern, die Dir einreden wollen, dass Du es nicht schaffen wirst und dass Deine Ziele zu hoch gesteckt sind. Bleibe immer daran und arbeite hartnäckig an Dir und Deinen Zielen. Halte durch und lass Dich nicht von Deinem Weg, Deinem Ziel und Deinem Traum abbringen. Bewahre Ruhe und Geduld, arbeite fleißig und zielstrebig an Deinem Traum, und Du wirst ihn erreichen.

Rafael Nadal, der weltbeste Tennisspieler, ist davon geprägt. Es gibt eine Schule in seinem Heimatort, in der in jedem Klassenzimmer diese drei Wörter hängen: „Einsatz, Beständigkeit und Bescheidenheit". Den jungen Menschen wird immer wieder vor Augen geführt, was man auf diese Art erreichen kann. Rafael Nadal ist das beste Beispiel dafür; er durfte auf diese Art viele Erfolge feiern. Er war 141 Wochen auf Platz eins in der Weltrangliste. Er hat viele Titel eingeholt, davon 22 Grand-Slam-Titel. Damit ist er einer von sieben Spieler, die jedes der vier Grand-Slam-Turniere wenigstens einmal gewonnen haben (Stand Februar 2022).

Dasselbe gilt auch im Beruf. Wenn Du erfolgreich sein willst, musst Du fleißig und beharrlich sein. Es werden immer wieder Enttäuschungen auftreten, z. B. wenn jemand anderes vor Dir befördert wird. Du darfst kurz enttäuscht sein. Wichtig ist, daran zu bleiben und weiter an Deinen Zielen zu arbeiten, ohne Dich davon abbringen zu lassen. Wenn Du aber derjenige bist, der befördert wird und eine Gehaltverbesserung erhält, ist es wichtig, dass Du bescheiden bleibst und nicht abhebst.

Mit Beständigkeit ist gemeint, dass Du Deine Leistungen auf Dauer, konstant und beständig bringst und nicht bei Deiner Arbeit nachlässt. Das ist auch mit

Fleiß gemeint: Strebsames Arbeiten und die Bereitschaft, mit der Arbeit früher anzufangen, als es verlangt ist; länger zu bleiben, wenn es nötig ist; oder immer etwas mehr tun, als verlangt wird. Wenn der Chef möchte, dass ein bestimmter Kunde fünfmal im Jahr besucht wird, solltest Du probieren, diesen nicht nur fünfmal zu besuchen, sondern sechs, sieben oder achtmal. Du kommst weiter, indem du immer etwas mehr machst, als von dir verlangt wird. Du solltest nicht nur die Routinearbeit machen, sondern über den Tellerrand schauen und dich einbringen. Ein weiteres Beispiel ist, sich auf eine Sitzung gut vorzubereiten, sich in das Thema einzuarbeiten, wichtige Begriffe anzuschauen, zu verstehen und nachzuschlagen, und sich die Fragen im Vorfeld zu notieren, die man in der Sitzung stellen möchte.

In einer Studie über wohlhabende Amerikaner haben über 95 Prozent der befragten Selfmade-Millionäre (für die Nicht-Engländer unter uns ☺ heißt das auf Deutsch „Selbstgeschaffene") angegeben, den persönlichen Erfolg primär durch Fleiß und intensive Arbeit erreicht zu haben.

Wenn Du erfolgreicher als ein Durchschnittsarbeiter sein willst, dann solltest Du auch intensiver und mehr arbeiten als er. Übe das Erlernte immer wieder und wende es an. Wenn z. B. ein neues IT-Programm eingeführt wird, sträube Dich nicht dagegen - übe es, um es zu beherrschen, wie Du im Sport eine bestimmte Taktik übst und trainierst.

Die Belohnung wird früher oder später kommen. Glaube mir, die Chefs und Trainer registrieren das, auch wenn sie es Dir nicht sagen bzw. zeigen. Sie bekommen sehr viele Sachen mit, mehr als Du denkst.

Noch ein Beispiel ☺:
Das Wirtschaftsmagazin „trend" hat den auffälligen, überragenden Erfolg analysiert, den Einwanderer aus den Bundesländern in Wien hatten. Ergebnis: Sie hatten ursprünglich Minderwertigkeitskomplexe, haben wie junge Stiere mit gesenktem Haupt gearbeitet, um akzeptiert zu werden, und als sie ihre Hörner zum ersten Mal gehoben haben, waren sie schon an der Spitze – und hielten es für ein Wunder und Glück. Es war aber Fleiß und Bescheidenheit.

6. Einfachheit

Auch das ist ein Wort, welches sehr oft von Trainern verwendet wird. Einfach Spielen! Nicht so kompliziert! Tue die einfachen Dinge ...

Es ist wichtig, sich etwas zuzutrauen und auch einmal etwas Schwieriges zu probieren. Aber entscheidend ist sehr oft das Einfache - das ist dann gerade manchmal das Schwierige! Es geht darum, nicht kompliziert zu denken, und lieber den Ball zum nächsten Mitspieler zu spielen und dann den Laufweg zu suchen, anstatt das Unmögliche zu probieren. Anstatt den Gegenspieler durch mehrere Übersteiger zu umspielen und durch spektakuläre Tricks die Aufmerksamkeit der Zuschauer und Mitspieler zu gewinnen zu versuchen, sollte man den einfachen Pass zum Mitspieler suchen.

Der FC Barcelona hat die Einfachheit auf Topniveau gezeigt. Der Ball wurde über kurze Distanz gespielt und das sah so einfach aus. Es war aber das Schwierige daran. Das Einfache war das Schwere. Denke daran, alles was einfach aussieht, ist harte Übung, damit es so leicht aussieht. Damit war Barcelona im Jahr 2009 sehr erfolgreich und gewann auf diese Art als erster spanischer Verein das Triple (UEFA Champions League, spanische Meisterschaft und spanischer Pokal), und Monate später den UEFA Super Cup, die Fifa Club Weltmeisterschaft und den spanischen Supercup. Im Fußball geht es darum, das Spiel zu gewinnen, d. h. den Kasten, das Tor, sauber zu halten, sprich zu null zu spielen und vorne mindestens ein Tor zu schießen. Ganz einfach, nicht wahr? ☺ Das ist über einfache Mittel wie genaues Passspiel und Laufbereitschaft zu erreichen.[1]

Im Beruf ist es ebenfalls so. In einer Sitzung solltest Du Dich z. B. einfach ausdrücken, sodass alle Dich verstehen können, und nicht mit Fremdwörtern um Dich schmeißen. Wenn man Fremdwörter benötigt, dann sollten diese einfach erklärt werden. Bei einer Präsentation ist es wichtig, mit einfachen Wörtern zu arbeiten und keine komplizierten Diagramme zu

---

[1] Das sieht man in diesem Youtube Video vom FC Barcelona sehr gut: https://www.youtube.com/watch?v=ZO9n3wi2OQ8.

verwenden. Nur wenn alle Arbeitskollegen und Teilnehmer bei der Sitzung die Sache verstehen, kannst Du das Ziel erreichen und Ihr könnt gemeinsam zum Erfolg kommen. In diesem Sinne, keep it simple ☺.

7. Mut und Wille

„Der Mut gilt zu Recht als die oberste aller Tugenden, denn vom Mut hängen alle anderen Tugenden ab". Das sagte Winston Churchill.

⚽ Du kannst die besten Talente und Fähigkeiten besitzen – wenn Du nicht den Mut hast, Entscheidungen zu treffen, hilft Dir das nichts. Mit Mut verbinden sich automatisch Kraft und Willensstärke.

Du musst Dich etwas trauen. Du musst bereit sein, in der 89. Minute bei einem Stand von 0:0 einen Elfmeter zu schießen. Traue es Dir zu und übernimm Verantwortung. Du musst bereit sein, es zu TUN. Es kann Dir nichts passieren. Du bist in diesem Moment derjenige, der Verantwortung übernommen hat. Viele Spieler sind dankbar dafür, dass Du diesen Schritt getan hast. Natürlich kann es auch schief gehen, aber es wird Dir niemand deshalb den Kopf abreißen, dass Du Verantwortung übernommen hast und Mut hattest. Wenn Du weißt, dass Du kein guter Elfmeterschütze bist und Du schon Vieles verschossen hast, dann brauchst Du natürlich nicht anzutreten. Das wäre falscher Ehrgeiz. Aber traue Dir etwas zu. TUE es. Hab keine Selbstzweifel. Überwinde Deine Angst und sei mutig. Dazu gehört es, den absoluten Willen mitzubringen. Der ist manchmal wichtiger als das größte Talent, das man in die Wiege gelegt bekommen hat.

GREAT JOB Im Beruf heißt es auch sehr oft, Mut zu zeigen und Verantwortung zu übernehmen, z. B. bei einer Entscheidung, bei der es darum geht, eine Investition von mehreren Tausenden von Euros zu tätigen. Du benötigst den Mut, um diese Entscheidung zu treffen und dafür gerade zu stehen, falls diese Initiative schief geht und nicht die Richtige war.

Oder wenn Du Dich bei der Arbeit unwohl fühlst, dann brauchst Du den Mut, dies mit den Kollegen und Vorgesetzten anzusprechen. Wenn Du einen neuen Aufgabenbereich bekommst, solltest Du keine Angst vor der neuen Herausforderung haben. Viele Menschen lassen ihr Leben von Angst bestimmen. Lass es nicht zu, dass die Angst Dein Leben bestimmt und die Überhand gewinnt.

Ein weiteres Beispiel ist, wenn Du einen fremden Menschen anrufen musst und ihn um etwas bitten musst. Da ist dann die Angst sehr groß, auf fremde Menschen zuzugehen und mit ihnen zu sprechen. Damit tun sich sehr viele Menschen schwer. Dabei ist es aber viel schlimmer, nichts zu tun und abzuwarten. Die Furcht vor Zurückweisung ist eines der größten Erfolgshindernisse. Dieser Mangel hemmt viele Menschen, auch als Erwachsene. Sie haben Angst vor Ablehnung. Angst nimmt Dir die Energie. Sie leert Deine Batterie. Deshalb musst Du Deine Angst in Mut verwandeln und es Dich trauen. Jeder, der seine Ängste besiegt, ist allein dadurch schon besser geworden.

Denk immer daran: Armut kann auch davon kommen, arm an Mut zu sein, und erfolgreich sein heißt, reich an Erfolgen zu sein, weil mutige Taten erfolgt sind.

Sei mutig und besiege die Angst. Trau Dich.

Ich beende das Kapitel wieder mit einer Definition; der Definition für Erfolg von Henry David Thoreau:

„Wenn wir uns zuversichtlich von unseren Träumen leiten lassen und es **wagen**, das Leben zu verwirklichen, das wir uns vorstellen, wird der Erfolg all unsere Erwartungen übertreffen. Er wird uns überallhin nachfolgen".

8. Positiv und optimistisch bleiben

„Pessimisten sehen in jeder Aufgabe ein Problem, Optimisten dagegen in jedem Problem eine Aufgabe" (unbekannter Autor).

„Wenn ich so berühmt, reich und erfolgreich wäre wie die da oben", behauptet manch einer, „dann wäre ich auch positiv eingestellt". Doch das ist ein Irrtum – umgekehrt ist es richtig: Weil diese Menschen optimistisch gedacht haben, haben sie gewonnen, hatten sie es leichter, haben sie besser gewirkt und sind sie „ganz oben" angekommen. Wer bereits unten eine positive Einstellung hat, kann leichter erfolgreich sein und stets nach oben klettern. Ob wir siegen oder scheitern, entscheiden wir zu einem erheblichen Teil selbst: Positiv gewinnt – negativ verliert. Negative Gedanken schwächen uns und ziehen uns herunter. Positive Gedanken stärken uns und verleihen uns Auftrieb. Stärkende Gedanken kommen aber nicht von außen, sondern von innen und somit von Dir selbst.

Das geht schon bei einer Freundin oder einem Freund los. So wie Du Deinen Freund siehst, so ist er für Dich. Du kannst Dich auf seine schlechten Seiten konzentrieren und Dich permanent darüber aufregen, oder Du kannst das Positive in ihm sehen. Wenn zum Beispiel Dein Freund viel und gerne redet, kannst Du es entweder negativ sehen, weil er viel redet und Du nicht zu Wort kommst, oder Du kannst Dich darüber freuen, ihm zuzuhören und Vieles von ihm zu erfahren. Sieh das Positive darin.

Durch glückliche Gedanken wird man irgendwann glücklich und erfolgreich – daran glaube ich fest. Wenn wir an traurige Dinge denken, werden wir automatisch traurig. Wer zu viel an Angst und Sorgen denkt, wird noch ängstlicher und sorgenvoller. Das heißt, wenn Du Dir vorstellst, ein Spiel zu gewinnen, und positiv an die Sache herangehst, ist die Chance höher, dass Du gewinnst, als wenn Du vermutlich denkst: „Oh, ist der Gegner stark, wir werden heute sehr hoch verlieren". Das heißt nicht, dass der Sieg nur durch positives Denken allein eingefahren wird, aber es ist die Voraussetzung dafür.

Angst und Sorgen machen krank. Dagegen machen uns positive Gefühle gesund. Sie heben unsere Stimmung und steigern unsere Energie und Lebensfreude. Es gibt sogar wissenschaftliche Studien, aus denen sich ableiten lässt, dass glückliche Menschen eine höhere Lebenserwartung haben. Ein weiteres Beispiel für positives Denken ist der Placeboeffekt. Laut Wikipedia ist „ein Placebo (lat. „ich werde gefallen") ... im engeren Sinn ein Scheinarzneimittel, welches keinen Arzneistoff enthält und somit auch keine durch einen solchen Stoff verursachte pharmakologische Wirkung haben kann." Das heißt, es ist keine Medizin, sondern meistens nur Traubenzucker, das dem kranken Menschen verabreicht wird. Dadurch, dass der Patient sich vorstellt, er wird von der eingenommenen Tablette (dem Traubenzucker) gesund, denkt er in dem Moment positiv und wird auch gesund. Dieses Phänomen ist durch viele wissenschaftliche Studien belegt.

Hier würde ich auch gerne auf das Unterbewusstsein eingehen. Dein Input bestimmt dein Output. Deshalb füttere dein Unterbewusstsein mit positiven Dingen. Positive Bücher. Positive Menschen. Positiven Filmen. Suche dir inspirierende und motivierende Menschen in deinem Umfeld aus und verbringe Zeit mit ihnen. Das bestimmt darüber was für ein Mensch du wirst, da im Leben vieles unterbewusst passiert. Mit Hilfe der Autosuggestion kannst du gezielt dein Unterbewusstsein beeinflussen. Was versteht man unter Autosuggestion? Darunter versteht man den Prozess, durch den jemand seinen Geist bewusst über die fünf äußeren Sinne – sowie den „inneren Sinn" – beliebigen Reizen aussetzt. Autosuggestion ist also nichts anderes als Selbstbeeinflussung. Dieser Vorgang spielt die Rolle eines Vermittlers zwischen dem Teil des Gehirns, der das bewusste Denken steuert, und demjenigen, der die unterbewusste Reaktion und sonstigen psychischen Ereignisse regelt. Indem wir bestimmte (gleichgültig, ob positiven oder negativen) Gedanken, Vorstellungen und Emotionen bewusst gestatten, unser Bewusstsein zu beherrschen, haben wir die Möglichkeit, das Unterbewusstsein auf dem Wege der Autosuggestion jederzeit im gewünschten Sinne zu beeinflussen. In jedem Augenblick – selbst dem scheinbar „ereignislosesten" – strömen zahllose sinnliche und psychische Reize auf uns ein und beeinflussen uns auf größtenteils unterschwellige Weise. Doch die Natur hat uns mit unseren geistigen und körperlichen Fähigkeiten sowie mit unserem freien Willen die Möglichkeit gegeben, in entscheidenden Maßen darüber zu bestimmen, welche Informationen unserem Unterbewusstsein zugeleitet werden sollen und welche nicht. Dies bedeutet selbstverständlich nicht, dass sich jeder Mensch dieser ihm zur Verfügung stehenden Kontrollfunktion auch immer bedienen würde – ja sich ihrer überhaupt bewusst wäre. Die meisten der so genannten „Pechvögel" liefern dafür den schlagenden Beweis. Sicherlich ist dir noch im Gedächtnis, dass ich dir im ersten Kapitel „Träume und sich Ziele setzen" empfohlen habe morgens nach dem Aufstehen und abends vor dem Einschlafen dir deine Träume und Ziele durchzulesen und dir den Weg und das Gefühl in dir zu erzeugen, dass du es schon erreicht hast. Wenn du diese Anweisungen befolgst, leitest du den – mit positiven Emotionen und gläubiger Zuversicht aufgeladenen – Wunsch an die tieferen Schichten deines Geistes weiter. Wiederholst du diesen Vorgang oft genug, prägt sich die dynamische Zielvorstellung unauslöschlich deinem Unterbewusstsein ein, und dieses beginnt dann von sich aus, Denkgewohnheiten hervorzubringen, die sich zunehmend positiver auf deine Bemühungen auswirken, deinen Wunsch zu verwirklichen. Bedenke das das bloße ablesen nichts bringt. Du musst beim Lesen dich dabei gut fühlen und dir vorstellen, als hättest du das Ganze schon erreicht. Denn dein Unterbewusstsein reagiert am besten auf emotional aufgeladene Gedanken. Das ist eine sehr wichtige Tatsache.

Im beruflichen Bereich gilt dasselbe, zum Beispiel im Lebensmitteleinzelhandel. Hier habe ich immer wieder unterschiedliche Händler erlebt, manche positiv und manche weniger positiv. Ein Beispiel dazu: Ich war in einem Feinkostladen, der dem Kunden in Bedienung frische Artikel verkauft, wie verschiedene Oliven, Frischkäse, eingelegte Tomaten… Viele Händler sagen, Feinkost ist zu teuer und rückläufig. Man verkauft nicht mehr so viel wie früher. Die Leute essen kaum noch Feinkostartikel. Es kostet mich als Händler nur Geld, die Artikel frisch anzubieten. Außerdem gibt es viele Mitbewerber auf dem Markt und haben die Feinkostabteilung aus dem Sortiment genommen und bieten dies in Selbstbedienung (SB) an. Andere hingegen sagen, gerade weil Feinkost rückläufig ist, mache ich mehr und bilde meine Mitarbeiter weiter, damit die Abteilung keine Verluste macht. Das ist eine wichtige Abteilung, die das ganze Sortiment abrundet. Du kannst Dir vorstellen, welche Händler die erfolgreicheren sind - natürlich die, die positiv sind und die Herausforderung annehmen. Durch diese Einstellung sind sie auch im Gesamtmarkt erfolgreicher als die anderen Händler.

Versuche immer, dem Negativen etwas Positives abzugewinnen. Mir hat es sehr geholfen, als ein Vertriebsleiter zu mir gesagt hat: Egal was passiert, ich denke immer: „Das was passiert, ist für etwas gut. Für was es gut war, werde ich erst in der Zukunft erfahren". Verschwende keine unnötige Energie mit Dingen, die du nicht ändern kannst und die es nicht wert sind eigene Energie dafür zu verbrauchen. Diese Sätze habe ich seitdem nicht mehr vergessen und wende sie selbst an. Das ist positives Denken.

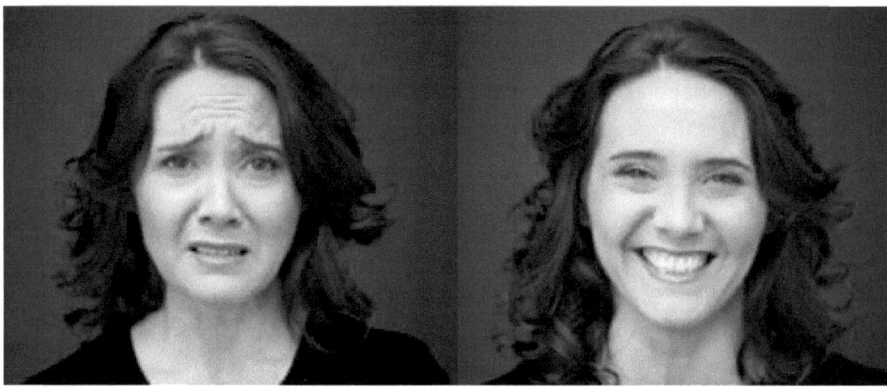

Also, entweder gehst Du wie die Frau im linken Bild durchs Leben oder wie die im rechten Bild.

Ob im beruflichen oder im privaten Bereich, das Leben ist immer eine Frage der Einstellung.

Das Kapitel will ich so, wie ich es begonnen habe, ebenfalls mit einem Zitat beenden. Ja, noch ein Zitat. Das ist das letzte – aber nur in diesem Kapitel ☺.

„Wer negativ ist, wird behandelt – wer positiv ist, handelt selbst."

Jetzt suche Dir aus, was Du möchtest, behandelt werden oder selbst handeln.

9. Körpersprache - der erste Eindruck zählt

⚽ Fakt ist: Körpersignale legen unsere Gefühle gnadenlos offen - von Angst über Freude bis zur Unsicherheit und Wut. Besonders gut ließ sich das bei der Fußball-Weltmeisterschaft in Brasilien beobachten: Erhobene Zeigefinger, sekundenlange Blicke zum Himmel, Tränen und Umarmungen vor den Augen der Welt. Im Sport ist die Körpersprache unheimlich wichtig. Wie oft hört man vom Trainer die Aussagen: „Kopf hoch" und „Brust raus". Das Auftreten dem Gegner gegenüber durch die Körpersprache ist immens wichtig. Läuft man mit einem gesenkten Kopf und hängenden Schultern auf dem Platz, dann wirkt das nicht selbstbewusst und sicher. Der Gegner registriert dies immer unbewusst und fühlt sich dadurch stärker. Er weiß, das wird heute ein leichtes Spiel gegen die ängstlichen Gegner. Nehme ich den Kopf nach oben und schaue dem Gegner in die Augen, zeige ich Selbstbewusstsein und dadurch auch Siegeswillen. Man sollte sich im Klaren sein, das nicht nur der Mund, sondern auch der Körper spricht. Es ist bewiesen, dass starke und positive Gesten stark machen. Das macht im Sport sehr viel aus.

Ein weiteres tolles Beispiel für positive Ausstrahlung kannst Du bei Olympia-Wettbewerben im Fernsehen verfolgen. Bestimmt ist Dir aufgefallen, mit welcher Ausstrahlung die Sprinter der Welt aus den Katakomben des Stadions kommen. Jeder von ihnen ist überzeugt, der Beste zu sein. Sie alle haben bereits die Ausstrahlung eines Gewinners – lange bevor das Rennen beginnt. Das ist die Voraussetzung für den Sieg. Wenn Du es Dir nicht zutraust, wirst Du nicht gewinnen. Du musst an Dich glauben und es auch zeigen. Natürlich nicht auf arrogante Art, sondern durch Selbstbewusstsein.

„Du kannst nicht nicht kommunizieren". (Paul Watzlawick)
Der Satz sagt aus: Du brauchst nichts zu sagen, um zu kommunizieren; durch Deine Körpersprache sagst Du genauso viel aus wie durch die Sprache. Durch Schweigen kannst Du dem anderen mitteilen, was Du von ihm hältst. Die Körpersprache ist also „die Sprache des Redens, ohne zu sprechen".

Im Beruf sind diese Aspekte ebenfalls sehr wichtig. Komme ich zum ersten Mal in einen Raum, in eine Sitzung, kommt es schon auf die Begrüßung an: Ist der Händedruck angenehm? Am besten ist er kurz und fest! Der Handschlag ist ein Türöffner. Eine Studie hat herausgefunden, dass Bewerber mit einem angenehmen Handschlag deutlich häufiger einen Job finden. Der Handschlag sollte kurz sein - maximal drei bis vier Sekunden - fest und trocken. Dazu gehören ein offenes Lächeln und ein Blick ins Gesicht des Gegenübers. Richtig angewandt, kann das Händeschütteln eine Verbindung zwischen zwei Menschen aufbauen, Barrieren beseitigen, Misstrauen abbauen und ein positives Klima schaffen.

Auf den Gang kommt es auch an: Laufe ich aufrecht oder nicht? Das registriert Dein Gegenüber und merkt, ob Du kompetent und selbstbewusst wirkst. Ein leichtes Lächeln auf dem Mund schadet in der Regel auch nicht. Auch hier ist die Körpersprache immens wichtig. Wer häufig blinzelt, demonstrativ wegschaut und den Blick nicht fokussiert, zeigt Unsicherheit und outet sich als schwacher Verhandlungspartner. Gleiches gilt für nervöses Herumzupfen an der Kleidung oder das Spielen mit dem Haar. Was allerdings nicht funktioniert ist, sich Gesten anzutrainieren. Egal wie oft das aufrechte Sitzen mit durchgedrücktem Kreuz zuhause geübt wird - wer in einer bestimmten Situation ängstlich oder unsicher ist, wird sich immer möglichst klein machen. Deshalb sind bestärkende Gedanken die beste Voraussetzung. Sie wirken sich letztlich auch auf Deine Körpersprache aus

10. Lernen, mit Druck umzugehen

Im Sport steigt die Anspannung vor einem wichtigen Spiel. In dem Spiel geht es um die Meisterschaft. Wenn das Spiel gewonnen wird, wird man Meister. Wenn man es verliert, wird man Zweiter und die Meisterschaft ist futsch. Ein Sportler steht hier sehr unter Druck und muss lernen, damit umzugehen. Man muss sich vorstellen, wie groß der Druck und die Anspannung vor einem Weltmeisterschafts-Finale ist. Es schauen Millionen von Zuschauern zu und Du bist voll im Mittelpunkt. Wie geht man mit dem Druck um? Wie verarbeitet man diese Anspannung? Wie ruft man zu dem Punkt seine beste Leistung ab, wenn es drauf ankommt?

Diese Fokussierung geschieht beispielsweise mit Routinen, z. Bsp. demselben Ablauf vor allen Spielen. Es muss alles so normal wie möglich sein, vor dem Schlafengehen, beim Frühstück, auf der Fahrt zum Spiel und vor dem Spiel muss man dieselben Routinen anwenden. Darum sind viele Sportler abergläubisch. Sie stehen morgens als erstes mit dem linken Fuß auf und betreten den Platz mit dem rechten oder sie laufen beim Spiel als letzter ein ... Sie benutzen immer dieselben Abläufe, um vom Druck abzulenken und sich auf ihre Stärken zu besinnen. Sie konzentrieren und fokussieren sich auf das bevorstehende Ereignis.

Rafael Nadal, der Weltklasse-Tennisspieler, hat Routinen vor seinen Aufschlägen. Er hat eine bestimmte Bewegungsabfolge, die sehr viel Zeit in Anspruch nimmt, wofür ihn die Gegner oft kritisieren. Manche Gegner fühlen sich dadurch in ihrem Spielrhythmus gestört. Hier wurde nun eine neue Regel eingeführt, dass ein Spieler nur noch 25 Sekunden Zeit hat für sein Aufschlagspiel. Ein weitere Routine von Nadal auf dem Tennisplatz ist die Verwendung von zwei Wasserflaschen, aus welchen er in jeder Pause trinkt und die er stets wieder mit dem Etikett in die gleiche Richtung ausrichtet. Rafael Nadal beschreibt diese Rituale als förderlich für seine Konzentration und für die Fokussierung auf das Spiel bzw. auf einzelne Spielzüge.

Tennis und Basketballspieler lassen den Ball dreimal aufspringen, bevor sie aufschlagen oder werfen. Ein Film über die Weltmeisterschaftsmannschaft zeigt, dass die Spieler Höwedes und Mertesacker immer am selben Ort gestanden haben, wenn sie zu den Spielen gefahren sind. Philipp Lahm duschte kurz vor einem Spiel. Mit der Dusche fängt für ihn die Vorbereitung an. Er baute damit den Druck ab.

GREAT JOB So ist es auch im Beruf. Vor einer wichtigen Sitzung, in der es um sehr viel geht, in der beispielsweise hunderte von Leuten sitzen, sollte derselbe Tagesablauf stattfinden. Abends sollte man normal ins Bett gehen, und morgens sollte man denselben Ablauf einhalten wie immer. Es sollte alles so normal wie möglich laufen. Bringt man alles durcheinander, steht zum Beispiel später auf und kommt in Hektik, dann wird der Vortrag womöglich nicht gut. Die Zuhörer merken Dir das an. Deshalb gilt auch hier, gewohnte Dinge zu tun und alles genauso zu machen wie immer. Routinen und Gewohnheiten sind hier die Schlüssel, um Ruhe zu bewahren und mit Druck gut umzugehen.

11. Spielertypen – ein Team

Warum teile ich die Spieler in Typen ein? Warum teile ich Dir das mit? Es soll Dir helfen, die Spieler zu verstehen und den Umgang mit ihnen zu erleichtern. Nur wenn Du weißt, warum Deine Mitspieler so denken und reagieren, wie sie es tun, kannst Du sie verstehen und mit ihnen umgehen.

Um erfolgreich zu sein, braucht man alle Spielertypen in einer Mannschaft – in einem Team. Daran hält sich der Deutsche Fußball-Bund ebenfalls. Deshalb zeige ich Dir in diesem Kapitel die verschiedenen Typen. Ich unterscheide Teamplayer, Führungsspieler und Individualisten.

Alle Typen und Rollen sind gleich wichtig. Es gibt keinen Erfolg nur mit Führungsspielern oder nur mit Teamplayern in einer Mannschaft. Das gesamte Team kann nur Erfolg haben, wenn diese Charaktere als Team miteinander funktionieren und wenn alle Charaktere vorhanden sind. Nur Individualisten reichen nicht aus, um Erfolg zu haben. Jede Rolle und alle Spielertypen sind wichtig. Nur wenn diese Typen zusammenhalten und ein Team bilden, werden sie Erfolg haben. Wie so häufig: Die Mischung macht's.

Teamplayer:
Teamplayer sind diejenigen, die ruhiger sind, ihre Arbeit machen und in Ruhe gelassen werden wollen. Sie wollen oft den gleichen Tagesablauf und wollen nicht darin gestört werden. Sie sind meist zurückhaltend, gründlich und zuverlässig. Sie sagen ihre Meinung nicht vor allen, sondern eher unter vier Augen. Die Teamplayer hören einem ruhig und geduldig zu und bringen das gesamte Team somit zum Wachsen. Sie wissen, wenn das Team wächst wachse ich mit.

Führungsspieler:
Die Führungsspieler sind die, die Voraus laufen, die Verantwortung übernehmen, ihre Meinung offen aussprechen und diese auch durchsetzen möchten. Das ist z. B. der Kapitän. Sie sind oft emotionale, laute Charaktere, die begeistern und motivieren können. Die Führungsspieler haben kein Problem damit, ihre Meinung vor der Mannschaft zu sagen, und haben immer das Ziel vor Augen.

Individualisten:
Die Individualisten sind oft Einzelgänger, und sie haben oft eine besondere Stärke, z. B. im eins gegen eins Spiel. Sie sind sehr schussstark und sind kreativ. Ihnen fällt es meist schwer, sich im Team zu integrieren. Sie sind Egoisten: Sie denken zuerst an sich und ihre Belange. Sie haben ein stark ausgeprägtes Selbstbewusstsein, welches sie auch gerne zur Schau stellen. Sie sind schnell, unsensibel und ungeduldig; sie treffen schnell Entscheidungen.

Beim Teamsport sind die Teamplayer sehr oft die Außenverteidiger. Um ein Beispiel zu nennen: Bei der Weltmeisterschaft 2014 in Brasilien waren es zu Beginn Jerom Boateng und Benedikt Höwedes. Die Mittelfeldspieler sind die Führungsspieler. Diese agieren oft aus der Mitte. Bei der Weltmeisterschaft waren es Bastian Schweinsteiger, Philipp Lahm, Mats Hummels oder Sami Khedira. Die Offensiven sind die Individualisten - Spieler, die rechts außen, links außen oder Mittelstürmer sind. Bei der WM waren es Thomas Müller und Mesut Özil oder Mario Götze. Es gibt natürlich auch Ausnahmen, das Ganze ist nicht in Stein gemeißelt. Das sind meine Beobachtungen und sie sind oft bestätigt worden.

Erfolg kann nur erreicht werden, wenn jeder dieser beschriebenen Typen bereit ist, sich im Team, in der Gemeinschaft zu integrieren - auch die Ersatzspieler. Das gesamte Team ist wichtig und sollte harmonieren. Nur wenn das der Fall ist, wird die Leistung stimmen. Das Team sollte aus vielen guten Spielern bestehen. Alle sollten an einem Strang ziehen und zusammen ein gemeinsames Ziel verfolgen. Dann ist Erfolg zu schaffen. Nach der Weltmeisterschaft in Brasilien 2014 hat Steven Gerrard, ehemaliger Kapitän der englischen Nationalmannschaft, das Ganze auf den Punkt gebracht: „Brasilien hat Neymar, Argentinien hat Messi. Portugal hat Ronaldo. Deutschland hat eine Mannschaft". Genau das war das Geheimnis des WM Triumphs.

Im Team können Probleme gemeinsam gelöst werden. Viele Köpfe sind kreativer und haben mehr Lösungsansätze als ein Einzelner. So schreibt auch Philipp Lahm in seinem Buch, dass im Team alles geteilt wird: „Auch wir haben alles geteilt. Die Niederlage, den Zorn über die Niederlage, die Entschlossenheit im Training, den Ehrgeiz im nächsten Spiel, das erste Tor, den Sieg, den Jubel, die Party in der Kabine und später am Abend. Du bist nie allein. Du teilst mit allen Kameraden das gemeinsame Ziel."

Man sollte sich immer bewusst sein, mit welchem Typ man es in einer Situation zu tun hat. So kann man sich besser auf den Gegenüber einstellen, ihn verstehen und mit ihm umgehen. Das ist der große Vorteil beim Teamsport, wie beim Fußball, Handball und Volleyball ... Beim Tennis wird es schwierig oder nicht möglich sein, die Charaktere kennenzulernen, da es sich um eine Einzelsportart handelt.

Bei der Arbeit gibt es diese Rollen auch. Wenn Du bereits im Sport diesen Charakteren bewusst begegnet bist, wirst Du es in der Arbeitswelt leichter haben. Die Teamplayer sind hier die Sachbearbeiter, die pünktlich zur Arbeit kommen, immer denselben Tagesablauf haben, ihre gleiche Arbeit absolvieren und pünktlich die Arbeit beenden. Das sind z. B. auch Menschen, die an einer Maschine in einer Fertigungshalle arbeiten. Meist sind sie ruhige, unauffällige Personen. Auch hier ist mir wichtig zu sagen, dass diese Personen wichtig sind und es ohne sie nicht gehen würde.

Führungsspieler sind im Beruf die Führungskräfte, die Abteilungsleiter oder die Teamleiter. Diese führen das Team und sind oft Vorgesetze. Sie übernehmen die Verantwortung, wenn sie eine Entscheidung treffen, und stehen zu dieser Entscheidung. Sie denken über den Tellerrand hinaus und bringen sich stark in den Beruf ein.

Die Individualisten sind die kreativen Köpfe im Beruf. Die bringen neue Ideen. Sie arbeiten in der Forschung oder der Entwicklung. Sie sind kreativ und tun sich schwer dabei, im Team zu arbeiten. Sie brauchen ihre Freiheit und Selbstständigkeit, um sich entfalten zu können.

Aber auch in der Arbeitswelt kann ein Unternehmen nur erfolgreich sein, wenn alle Charaktere (Spielertypen) dort vorhanden sind und alle an einem Strang ziehen. Das Team ist entscheidend für den Erfolg, nicht der einzelne Charakter. Alle zusammen zählen und jeder ist ein wichtiger Bestandteil. Das ist in der heutigen Arbeitswelt das A und O. Man muss sich auf die Charaktere einstellen, die Typen kennen und sich gegenseitig unterstützen. Macht einer einen Fehler, hilft man sich gegenseitig, um den Fehler zu korrigieren. Der Einzelne profitiert vom Können und Wissen des Teams, und das Team vom Wissen des Einzelnen. Deshalb ist es wichtig, dass die Harmonie im Team stimmt. Es sollte meistens harmonisch miteinander gearbeitet werden. Probleme sollten offen angesprochen werden. Das Ziel muss sein, Probleme, die auftreten, bald zu lösen, ansonsten leidet das Teamgefüge darunter.

12. Köpfe des Teams - die Trainer

Die Trainer haben für mich eine der wichtigsten Funktionen im Sport. Sie müssen aus den unterschiedlichen Charakteren ein Team bilden, sodass diese an einem Strang ziehen und ein gemeinsames Ziel verfolgen, um dies letztlich auch zu erreichen. Die Trainer coachen, moderieren, entwickeln und kontrollieren die Mannschaft. Sie lösen Konflikte, halten oft Teamansprachen und führen Einzelgespräche.

Die Trainer geben meist nach Abstimmung mit den Vorständen das Ziel für die Saison vor. Das Ziel ist klar, eindeutig formuliert und sollte stets realistisch und erreichbar sein. Zum Beispiel könnte ein Ziel sein, am Ende der Saison den ersten Platz zu erreichen und Meister zu sein. Ist das Ziel formuliert, heißt es, jetzt alles andere unterzuordnen, um das Ziel zu erreichen. Hier ist es als Trainer wichtig, stets authentisch zu wirken und der Mannschaft zuzutrauen, dieses Ziel zu erreichen -es vorzuleben, dass das Team es erreichen kann. Um ein Team erfolgreich zu führen, ist es sehr wichtig, diesem Team Vertrauen zu schenken. Der Trainer sollte derjenige sein, der sich alles von den Spielern anhört, und die Spieler müssen wissen, dass sie immer zu ihm kommen können. Nur wenn Vertrauen auf beiden Seiten besteht, kann erfolgreich gemeinsam gearbeitet werden. Alle sollten fair, ehrlich und offen miteinander umgehen.

Ein Trainer trägt immer die Verantwortung. Sollte er eine Taktik anwenden, die nicht zum Erfolg führt, oder einen Spieler auf einer falschen Position einsetzen, ist er angreifbar und hat die volle Verantwortung dafür zu tragen. Er ist derjenige, der auch die Zielerreichung verantwortet. Sollte die Mannschaft am Ende der Saison nicht das Ziel erreichen, dann muss sich der Trainer rechtfertigen und die Gründe nennen, wieso das Ziel nicht erreicht wurde. Es interessiert nicht, wenn ein oder mehrere gute Spieler ausfallen; das Ziel sollte trotzdem erreicht werden.

Der Trainer sorgt dafür, dass die Spieler immer Spaß beim Training haben und gerne dabei sind. Er muss ein abwechslungsreiches Training implementieren, und das Training darf nicht langweilig werden. Für den Erfolg ist es Voraussetzung und entscheidend, dass die Spieler gerne zum Training kommen. Hier liegt es am Trainer, die Spieler zu motivieren, zum Training zu gehen, das Ziel erreichen zu wollen, und es nicht aus dem Auge zu verlieren. Ein Trainer ist sehr oft mir den Gedanken bei seiner Mannschaft und dem Sport. Er denkt über das nächste Training nach, über die Taktik, über den nächsten Gegner... Er ist immer bei der Sache, um sein Ziel zu erreichen.

GREAT JOB Auch im Beruf ist es so, dass der Vorgesetzte dieselben Voraussetzungen mitbringen sollte wie ein Trainer im Sport. Der Vorgesetzte sollte immer für seine Mitarbeiter da sein und darauf achten, dass die Stimmung im Team, unter den Arbeitskollegen stimmt. Er sollte darauf achten, dass seine Mitarbeiter gerne zur Arbeit gehen und mit Freude ihre Arbeit erledigen. Die Mitarbeiter sollten den Sinn in ihrer Arbeit sehen und wissen, wofür sie diese Arbeit gerade tun. Eine weitere Aufgabe des Vorgesetzten ist es, dass die Mitarbeiter die vorgegebenen Ziele verfolgen und nicht aus den Augen verlieren. Ein mögliches Ziel könnte sein, drei Prozent Umsatzwachstum zu erzielen. Sollte das Ziel nicht erreicht werden, muss der Vorgesetzte es verantworten und muss sich gegenüber seinem Vorgesetzten rechtfertigen und Gründe nennen, warum das Ziel nicht erreicht wurde. Wenn der Vorgesetzte einen Mitarbeiter einstellt, der nicht in das Team passt, dann trägt er die volle Verantwortung für sein Handeln. Sollte der neue Mitarbeiter zum Beispiel immer krank sein, dann muss der Chef dafür sorgen, dass die Arbeit trotzdem weiter erledigt wird. Oft springt er selbst ein, oder andere Mitarbeiter übernehmen die Arbeit für den kranken Mitarbeiter. Der Vorgesetzte ist aber dafür verantwortlich, dass die Arbeit weiter gemacht wird und ein Projekt trotz des Ausfalls des Mitarbeiters vollendet wird.

Die Mitarbeiter sollten immer mit Problemen zu ihrem Vorgesetzten gehen können und mit ihm darüber sprechen. Hier ist ebenfalls Vertrauen ein wichtiger Punkt, welches nötig ist. Ein guter Vorgesetzter sollte immer hinter seinen Mitarbeitern stehen und sich für sie starkmachen. Die Mitarbeiter sollten auch das Gefühl haben, dass der Vorgesetzte hinter ihnen steht. Ein guter Vorgesetzter sollte auch immer hinter seinen Entscheidungen stehen. Trifft er einmal nicht die richtige Entscheidung, sollte er dazu stehen, dass er einen Fehler begangen hat, und dies nicht einem anderen in die Schuhe schieben wollen.

Auch hier denkt der Vorgesetzte sehr oft an die Arbeit und macht sich Gedanken über seine Ziele, anstehende Aufgaben und seine Mitarbeiter...

13. Auf die Jugend setzen

 Warum schreibe ich ein Kapitel über die Jugend?

Weil die Jugendlichen von heute die Leistungsträger von morgen sind - ob als Spieler im Seniorenbereich oder als zukünftige Vorstände im Verein. Sie sind das Fundament eines Vereins. Man muss die Jugendlichen unbedingt an den Verein binden und weiterentwickeln. Sie sind die Identifikationsfiguren. Als gutes Beispiel nehme ich hier den SC Freiburg oder FC Bayern München, die mit Philip Lahm, Bastian Schweinsteiger, Thomas Müller und David Alaba solche Spieler und Identifikationsfiguren haben.

Sollten diese Jugendspieler den Verein verlassen, dann wird es geschehen, weil ein besserer Verein mit besseren Perspektiven diese Spieler haben möchte, nicht ein Verein, der schlechter ist oder in derselben Liga spielt. Sollte der Spieler in eine höhere Liga wechseln, dann kann der Verein stolz darauf sein und sich im Guten von ihm trennen. Diese Spieler sollten auch gerne wieder zum Verein zurückkehren können. Sie sollten immer das Gefühl haben, dass sie willkommen sind.

Im Beruf sieht es genauso aus. Die Auszubildenden sind die Vorgesetzten und Führungskräfte von Morgen. Deshalb ist die regelmäßige Ausbildung von jungen Leuten sehr wichtig. Die Auszubildenden sollten eine kompetente und entwicklungsstarke Ausbildung genießen. Sie sollten gefördert und gefordert werden. Sie kennen die Unternehmensphilosophie und haben diese auch verinnerlicht. Sollten die Auszubildenden dann in ihrer Berufslaufbahn eine Führungsrolle übernehmen, dann werden sie auch Vorbilder für andere Auszubildende sein. Die Auszubildenden sehen, dass sie wertgeschätzt werden und auch nach der Ausbildung etwas erreichen können.

14. Das Wesentliche im Auge behalten

Im Sport wird man sehr oft von vielen Dingen abgelenkt, und man verliert dann auch das Ziel - das Wesentliche - aus den Augen. Wenn Du beispielsweise ein Problem mit einem Mitspieler hast, solltest Du es durch ein offenes Gespräch klären, sodass Du Dich wieder auf das Ziel und das Wesentliche konzentrieren kannst: Ein Spiel zu gewinnen, den Klassenerhalt zu schaffen oder die Meisterschaft einzufahren. Oft wird man durch viele Kleinigkeiten vom Ziel abgebracht. Um ein weiteres Beispiel zu nennen, man regt sich immer wieder über den Zustand des Platzes auf. Das darfst Du nicht; auch das lenkt einen von dem Wesentlichen ab - Deinem Ziel, die Meisterschaft, den Klassenerhalt oder das Spiel zu gewinnen. Verschwende keine unnötige Energie für Dinge, die Dich nicht weiterbringen und Dich nur vom Wesentlichen ablenken. Viele Spieler regen sich immer wieder über das Wetter auf. Entweder ist es heute zu heiß, zu kalt oder zu regnerisch - anstatt es so anzunehmen, wie es ist, und sich lieber auf das Spiel zu konzentrieren. Die Gegner müssen bei demselben Wetter spielen. Du solltest Dein Ziel nicht aus den Augen verlieren.

Im Beruf ist es nicht anders. Hier wird man sehr oft durch eine Informationsflut in Form von Zeitungen, Zeitschriften, Fernsehen, Radio, Internet und E-Mails durch unnötige Informationen abgelenkt. Das Smartphone fördert das Ganze noch mehr, da man immer und jederzeit erreichbar ist. Das lenkt Dich ab und bringt Dich somit von Deinem Ziel ab. Wenn z. B. Dein festgelegtes Ziel ist, Waren zu verkaufen, Du aber E-Mails von Kollegen bekommst, die bestimmte Listen ausgefüllt haben möchten, die nichts mit Warenverkauf zu tun haben, dann ist das eine Ablenkung von Deinem Ziel. Bitte verstehe das nicht falsch. Es ist wichtig für den Kollegen, ihm zu helfen und diese E-Mail zu beantworten, aber es ist eine E-Mail, die Dich aus der Bahn bringt und von Deinem Ziel ablenkt. Anfragen, die Zeit haben, müssen nicht sofort beantwortet werden. Wenn es wichtig ist, wird sich der Kollege schon melden und Dich daran erinnern. Wichtig ist, das Ziel, dass Du mit Deinem Chef besprochen hast, immer wieder in den Fokus setzen. Das bringt den Erfolg, und

Du solltest Dir das immer wieder vor Augen halten. Mache Dir das immer wieder bewusst und konzentriere Dich auf das Wesentliche.

Dazu kann ich Dir empfehlen, Deine Aufgaben in drei Kategorien einzuteilen und so auf einer Liste aufzuschreiben:

Kategorie A ist für wichtige und dringende Aufgaben;
Kategorie B ist wichtig und nicht dringend;
Kategorie C ist nicht wichtig, aber nicht dringend.

So setze ich mir täglich die Prioritäten und arbeite diese Aufgaben dann auch der Reihenfolge nach ab. Wichtig zu erwähnen ist, dass die Kategorie B immer bevorzugt werden sollte. Deine Arbeit solltest du auf die wichtigen und nicht dringenden Aufgaben fokussieren. So dass du nicht unter Stress arbeiten musst, sondern entspannt und mit Frieden diese Arbeit angehen kannst.

15. Konzentration - Fokus

Was ist Konzentration? Nein, diesmal fragen wir nicht Wikipedia, sondern labbe.de ☺: „Konzentration ist ein Begriff aus der Psychologie und meint eine willentliche Fokussierung der Aufmerksamkeit auf eine bestimmte Tätigkeit oder einen bestimmten Reiz. Das bedeutet, dass Du Deine Aufmerksamkeit auf eine bestimmte Sache oder eine bestimmte Tätigkeit lenken willst und Dich von nichts davon abhalten oder ablenken lässt. Es ist anstrengend, die Aufmerksamkeit immer in eine Richtung zu lenken, und daher lässt die Konzentration auch irgendwann nach".

Das heißt, immer bei der Sache zu sein und Deine Aufmerksamkeit von der ersten bis zur 90. Minute auf Dein Ziel zu richten. Nein, noch besser, ab dem Warmmachen vor dem Spiel und bis zum Ende der Nachspielzeit, der 95. Minute und des Abpfiffs des Spiels. Es heißt, kaum Fehler zu machen, Dich auf Deine Aufgabe im Spiel zu konzentrieren, und die Zweikämpfe zu gewinnen. Egal bei welchem Stand im Spiel, die Konzentration (Aufmerksamkeit) sollte immer hochgehalten werden, aber bitte ohne Dich zu verkrampfen, denn eine gewisse Lockerheit und Freude am Spiel sind sehr wichtig. Es ist alles immer noch ein Spiel.

Ein negatives Beispiel für nachlassende Konzentration war das Qualifikationsspiel zur Weltmeisterschaft Deutschland gegen Schweden am 16. 10. 2012. Deutschland hat bis zur 62. Minute vier zu null geführt und hat bis dahin alles im Griff gehabt. Dann waren sich die Spieler plötzlich zu sicher und haben einen Gang zurückgeschaltet. Die Aufmerksamkeit war nicht mehr 100 % auf den Sieg gerichtet. Bastian Schweinsteiger, der bei dem Spiel mitgespielt hat, meinte: „Es ist darauf zurückzuführen, dass jeder sich zu sicher gefühlt hat und einen Schritt weniger gemacht hat" (Zitat Wikipedia).

So denken die meisten: „Jetzt haben die Gegner sowieso keine Chance mehr. Wir sind der sichere Sieger! Ich muss nicht mehr alles tun, um dieses Spiel zu gewinnen". Die Konzentration auf das Spiel und den Sieg lässt nach. Du kannst Dir das Endergebnis vorstellen: Schweden hat in der dritten Minute der Nachspielzeit das vier zu vier geschafft, und die deutsche Nationalmannschaft wurde europaweit belächelt. In der Geschichte der deutschen Nationalmannschaft ist es somit zum ersten Mal vorgekommen, dass ein vier zu null Vorsprung verspielt geworden ist.

Es kommt darauf an, seinen Fokus, sein Tun, seinen Fleiß auf die richtigen und wichtigen Dinge zu setzen. Was wichtig ist, entscheidest Du selbst, indem Du Deine Ziele setzt. Setze Deinen Fokus auf das, was Du erreichen willst, und konzentriere und fokussiere Dich darauf, das auch zu erreichen. Konzentration kann man trainieren. Wenn Du Dir im Sport zum Ziel setzt, Du willst Stammspieler werden, dann richte Deinen Fokus ausschließlich darauf und gehe zum Training. Die Konzentration fängt eigentlich schon beim Zuhören an. Wenn ein Trainer Dir etwas erklären und Dich verbessern möchte, solltest Du sehr aufmerksam und konzentriert zuhören. Lerne von dem, was Dir vermittelt wird.

Im beruflichen Bereich wurde das Spiel Deutschland gegen Schweden von Führungskräften und Vorständen von Firmen oft als Beispiel genannt dafür, was passiert, wenn man sich nicht mehr konzentriert und unaufmerksam wird. Dann kann ganz schnell aus einem Marktführer die Nummer zwei werden. Im Beruf sollte man sich immer konzentrieren, sich nie zu sicher fühlen und immer bei der Sache sein. Wenn man sich zu sicher ist, lässt oft die Konzentration nach (man führt ja vier zu null). Dann machen einige Mitarbeiter weniger bei der Arbeit, schalten einen Gang zurück, nehmen die Mitbewerber nicht mehr ernst, und schon werden sie eingeholt und sind ganz schnell die Nummer zwei.

Noch schlimmer, wenn man eine Innovation (einen Trend) verpasst, kann dies sogar ein Unternehmen ruinieren. Nokia war immer ein führender Handyanbieter und mit großem Abstand die Nummer eins auf dem Markt - bis Apple mit dem Smartphone „iPhone" auf den Markt kam. Nokia dachte, das wird sich nicht durchsetzen, und schaffte es nicht, ein konkurrenzfähiges Produkt auf den Markt zu bringen. Im Endeffekt wurde Nokia von Microsoft aufgekauft. Das Unternehmen gibt es in der Originalform nicht mehr. Es gibt sehr viele solcher Beispiele. Grundig hat es verpasst, sich vom Röhrenbildschirm auf die Flachbildschirme umzustellen. Der Drogeriemarktriese Schlecker hat es versäumt, sich zu optimieren und zu verbessern - jetzt gibt es Schlecker nicht mehr. Dm ist die Nummer eins. So schnell kann es gehen, wenn man sich nicht immer konzentriert und nicht immer aufmerksam ist, vom Warmmachen bis zum Abpfiff, von der ersten bis zur letzten Sekunde.

Auch hier fängt die Konzentration schon beim Zuhören an. Wenn man z. B. bei einem Kunden ist, sollte man sehr aufmerksam und konzentriert zuhören, was die Wünsche oder Probleme des Kunden sind. Höre genau hin und versuche, den Wunsch des Kunden zu erfüllen oder das Problem zu beheben. Lerne aus dem, was Dir vermittelt wird. Man kann dies auch im privaten Bereich trainieren: Höre Deinen Freunden, Eltern und Geschwistern aufmerksam zu.

16. Richtige Ernährung

Hier möchte ich Dir keinen Vortrag über die richtige Ernährung halten. Aber nach langem Überlegen, ob ich diesen Aspekt einbringen soll oder nicht, ist mir klar geworden, dass es einer der wichtigsten Punkte überhaupt in diesem Buch ist und in dem Thema, worüber ich schreibe. Ich werde mich aber kurz halten, weil man über die „richtige Ernährung" eigene Bücher schreiben kann. Tue mir aber einen Gefallen und konzentriere Dich noch einmal. Dies ist ein sehr wichtiges Kapitel.

Was ich Dir mitgeben möchte, ist dies: Das Frühstück die wichtigste Mahlzeit überhaupt ist. Hier tankst Du für den Tag auf; das ist die Energie für den Tag. Du benötigst nicht viel für das Frühstück. Das Mittag- und Abendessen ist ebenfalls von Bedeutung. Abwechslungsreiches und ausgewogenes Essen ist notwendig.

Teile Deinen Essteller gedanklich in vier gleiche Teile auf. Zwei Viertel von diesem Teller reservierst Du für Nahrungsmittel aus dem Bereich Obst und/oder Gemüse. Ein Viertel des Tellers sollte aus kohlenhydratreichen Lebensmitteln bestehen, und das verbleibende Viertel aus eiweißreichen Lebensmitteln. Dabei ist Augenmaß gefragt; ein Abwiegen der Lebensmittel ist nicht notwendig.

Mit dem Mix-Teller hast Du bei jeder Mahlzeit die optimale Kombination an Nährstoffen vorliegen. Da stimmt die Hormonbalance, die zu einer langanhaltenden Sättigung führt. Abnehmen, ohne zu hungern, wird leicht gemacht. Probiere selbst aus, wie Du mit weniger Pfunden und nährstoffreicher Kost fast wie von allein fitter und aktiver wirst. Höre dabei auf Dein Hungergefühl! Kalorienzählen ist überflüssig. Sehr oft essen wir nämlich aus langeweile oder aus Frust. Deshalb höre auf dein Hungergefühl. Wenn dieser sich meldet, esse das Richtige und Gesunde. Setze stets auf eine abwechslungsreiche Lebensmittelauswahl, denn dann steht einer optimalen

Versorgung mit allen wichtigen Vitalstoffen nichts im Wege. Je nach Belieben kannst Du Dich drei- bis fünfmal am Tag mit einem Mix-Teller-Gericht stärken.

Warum funktioniert der Mix-Teller?

Die wichtigste Einsicht lautet: Lebensmittel sind Teamplayer. Sie entfalten erst in Kombination miteinander ihre gesundheitsfördernde Kraft. Der Mixteller bringt Nährstoffe aus allen Nahrungsmittelgruppen in einem ausgewogenen Verhältnis zusammen.

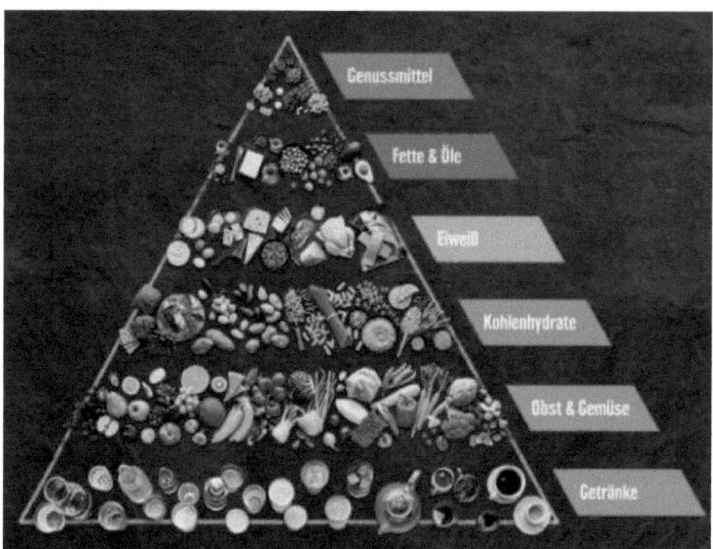

Quelle: Edeka Homepage

In der Pyramide nehmen die Lebensmittelgruppen den Platz ein, den Du auch in Deiner täglichen Ernährung finden solltest. An der breiten Basis befinden sich Lebensmittel, die sich gut zum Sattessen eignen. Lebensmittel an der Spitze sollten dagegen eine Besonderheit bleiben. Zwischen diesen beiden Extremen findest Du weitere Lebensmittelgruppen. Die Ernährungspyramide zeigt das Verhältnis der einzelnen Lebensmittel zueinander auf. Bewusster Genuss wird Dir auf diese Weise leicht gemacht.

Kohlenhydrate:

Für den menschlichen Körper sind Kohlenhydrate in erster Linie Energielieferanten. Sie kommen als Zucker und Stärke in den Nahrungsmitteln vor und liefern Energie für die Muskel- und Gehirnarbeit. Sie sind also für Sportler sehr wichtig.

Vorkommen: Kohlenhydrate finden sich vor allem in Getreideprodukten, Reis, Nudeln, Kartoffeln, Obst und Gemüse, aber auch in Süßigkeiten, Kuchen, süßen Brotaufstrichen und Limonaden, die nur wenig zum Vitamin- und Mineralstoffbedarf beisteuern, dafür aber viel Zucker und oft auch viel Fett liefern.

Bewusst auswählen: Reduziere Süßigkeiten, Kuchen, süßen Brotaufstrichen und Weißmehlprodukten so viel es geht, halte Dich bei Limonade möglichst zurück. Sie können den Blutzuckerspiegel schnell ansteigen, aber auch ebenso schnell wieder fallen lassen, und schon stellt sich wieder Hunger ein – und es wird meist noch mehr Süßes gegessen.

Es ist daher besser, ballaststoffreiche Kohlenhydratlieferanten zu essen; sie werden langsamer verdaut und stellen damit gleichmäßig Energie zur Verfügung – du bist länger satt. Empfehlenswerte Lebensmittel sind Vollkornprodukte wie Vollkornbrot, Vollkornnudeln und Vollkornreis, sowie Obst und Gemüse, die gleichzeitig wertvolle Vitamine und Mineralstoffe liefern. Auch Kartoffeln sind in Kombination mit, zum Beispiel, Gemüse oder Quark ein sättigender Kohlenhydratlieferant. Viele Spitzensportler verzichten sogar immer mehr auf Kohlenhydrate und gehen rein auf die pflanzliche Ernährung.

Obst und Gemüse:
Roh, gekocht, gedünstet, zu den Mahlzeiten oder zwischendurch – genieße Gemüse, Salat und Obst ganz, wie Du willst. Dabei lohnt es sich, die ganze Fülle der Natur zu nutzen. Obst und Gemüse liefern neben Kohlenhydraten viele essenzielle Vitalstoffe wie Vitamine, Mineralstoffe, Ballaststoffe und sekundäre Pflanzenstoffe.

Trinken:
Wasser, Schorle, Kräuter- und Früchtetees – mindestens 1,5 Liter pro Tag solltest Du davon trinken, denn ohne Wasser läuft im Organismus nichts. Wasser ist für den Menschen und seine Körperfunktionen lebensnotwendig. Viel Trinken fördert Gesundheit, Fitness und Leistungsfähigkeit. Unter normalen

Bedingungen verliert der Mensch täglich etwa 2,5 Liter Wasser. Ein Teil der Flüssigkeit wird über die Nahrung aufgenommen. Der größte Teil des Flüssigkeitsverlusts sollte aber übers Trinken ausgeglichen werden.

Sport, körperliche Arbeit, aber auch Krankheit können den Flüssigkeitsbedarf erhöhen. Wer zum Beispiel beim Sport stark geschwitzt hat, sollte seinen „Tank" rasch wieder auffüllen – am besten mit Mineralwasser oder Apfelsaftschorle (2/3 Wasser + 1/3 Apfelsaft), die ähnlich wie isotonische Sportgetränke wirkt. Ganz nebenbei: Wasser ist ein schneller und günstiger Schönmacher, denn es plustert die Zellen auf. Hier sollte magnesiumhaltiges Wasser zu sich genommen werden. Vor dem Sport solltest du morgens nach dem Aufstehen viel trinken, da du nachts Wasser verlierst. Am besten, gleich nach dem Aufstehen eine eine Flasche Wasser leeren.

Du musst nicht auf Cola oder einen Energydrink verzichten, aber hier gilt auch: in Maßen und nicht zu viel davon.

Süßigkeiten, Knabbersachen, Alkohol:
Schokolade, Knabbereien & Co sind nicht verboten; nur zum Stillen von Hunger sind sie nicht geeignet. Der bewusste Genuss kleiner Mengen ist hier der richtige Weg.

Hinter „Co." verbergen sich übrigens auch alkoholische Getränke wie Wein und Bier. Auch hier gilt: Weniger ist mehr – die Kalorien, die Alkohol liefert, sind „nicht ohne" außerdem benebeln sie deine Sinne und fördern nicht deine Konzentration und deine Leistung. Der komplette Verzicht auf Alkohol wäre optimal.

Eiweiß:
Milchprodukte, Fleisch, Wurst, Fisch, Hülsenfrüchte, Nüsse, Tofu und Ei sind wichtige Eiweißlieferanten. Milchprodukte sollten täglich verzehrt werden. Sie versorgen den Körper mit Kalzium, das unter anderem für die Knochengesundheit unentbehrlich ist.

Bei Milchprodukten, aber auch bei Fleisch und Wurst, sollten fettarme Sorten bevorzugt werden, denn neben Eiweiß, Vitaminen und Mineralstoffen enthalten Fleisch & Co. oft auch viele (versteckte) Fette. Zu viel davon schlägt sich als „Pölsterchen" nieder.

Bei Fisch, der ein- bis zweimal pro Woche verzehrt werden sollte, darf es ruhig auch mal die fettreiche Variante sein, denn sie enthält die gesundheitsfördernden Omega-3-Fettsäuren. Sie können das Herz schützen und kommen vor allem in fetten Seefischen wie Hering, Makrele oder Lachs vor. Seefisch ist zudem eine gute Jodquelle.

Für Eier gilt als Empfehlung: Zwei bis drei Stück pro Woche – inklusive derer, die bereits in Lebensmitteln verarbeitet sind. Bei Wurst und Fleisch sind im Schnitt 300 - 600 g die richtige Menge für eine Woche.

Geschafft - Danke für deine Konzentration ☺!

17. Fehler machen und aus ihnen lernen

„Wenn Du schnellen Erfolg haben willst, musst Du Deine Fehlerquote verdoppeln". Das ist ein Zitat vom erfolgreichen Unternehmer Thomas J. Watson, dem Gründer von IBM. Dieses Zitat sagt alles: Fehler zeigen den Weg zum Erfolg, und aus ihnen lernt man am schnellsten.

Fehler sind in der Regel von Nutzen. Leider hat uns aber die Schule beigebracht, dass Fehler nicht nützlich sind. Wir sollten diese vermeiden, da sie eine schlechtere Note mit sich bringen. So wird man von klein auf erzogen und versucht dann sein Leben lang, Fehler zu vermeiden.

⚽ Fehler sollten gemacht werden, denn nur dann kann man sich entwickeln. Kinder verbrennen sich zum Beispiel nur einmal am Herd. Ein zweites Mal passiert ihnen das nicht. Sie entwickeln sich und lernen daraus. Die Kinder wissen danach, dass eine Herdplatte heiß sein kann, und schauen genauer hin. Das Entwickeln beginnt schon mit unserer Geburt. Wenn Du keine Fehler machst, unterbindest Du das Lernen und Deine eigene Entwicklung. So ist das auch im Beruf und im Sport. Fehler dürfen und müssen gemacht werden. Wichtig ist hier nur, dass dieselben Fehler nicht mehrmals passieren sollten. Du solltest aus Deinen Fehlern lernen. Niemand ist perfekt und niemand kann immer 100 Prozent Leistung bringen. Wir sind Menschen und keine Maschinen, wir dürfen Fehler machen.

Wenn der Trainer zu einem Spieler sagt, er sollte Freistöße vor dem 16er vermeiden, weil der Gegner einen guten Freistoßschützen in seinen Reihen hat, dann darf der Fehler einmal passieren, dass der Spieler ein Foul begeht, aber das sollte kein zweites Mal passieren. Optimal wäre, kein Foul zu begehen, keine Frage, aber wichtig ist hier, dass Du aus Deinen Fehlern lernst und nicht öfter denselben Fehler machst.

Wenn Fehler gemacht wurden, ist wichtig, darüber zu reflektieren. Stell Dir die Fragen: Warum habe ich das gemacht? Was kann ich daraus lernen, um diesen Fehler in Zukunft zu vermeiden? Hier ist die Selbstreflexion wichtig: Nur wenn ich über die Fehler reflektiere, kann ich daraus lernen.

Ein gutes Beispiel ist das Spiel Bayern München gegen Manchester im Jahre 1999. Hier hat Bayern in den letzten Minuten das Spiel zwei zu eins verloren, obwohl Bayern lange geführt hatte. Das waren Fehler, die sehr schmerzhaft waren. Aber die Spieler haben danach weitergemacht, waren noch hungriger auf den Titel und haben zwei Jahre später die Champions League mit fast allen Spielern gewonnen, die zwei Jahre zuvor in den letzten Minuten das Spiel verloren hatten. Wer weiß, ob sie das ohne diese Niederlage gegen Manchester geschafft hätten. Sie haben aus ihren Fehlern und Rückschlägen gelernt, sind wieder aufgestanden und haben weitergemacht. Man kann aus Fehlern gestärkt hervorgehen und die Sache klüger und erfahrener neu beginnen.

Jahre später kam es zu einer ähnlichen Situation. In der Saison 2011/12 wurde das Champions League Finale in München ausgetragen. Die Bayernmannschaft hatte sich vor der Saison das große Ziel gesetzt, das Finale im eigenen Stadion zu erreichen und zu gewinnen. Das war der Plan. Die Bayernmannschaft hat es zwar geschafft, ins Finale zu kommen, hat dies aber gegen Chelsea London verloren. Das tat weh und war sehr schmerzhaft. Aber die Mannschaft ist auch hier wieder aufgestanden und hat aus den Fehlern und Rückschlägen gelernt. Ein Jahr später haben sie den Titel im Finale gegen Dortmund geholt. Sie haben zwei zu eins gewonnen. Der Austragungsort für das Finale war LONDON. Und damit nicht genug: Sie haben in diesem Jahr als erste deutsche Mannschaft das Triple gewonnen. Sie holten den DFB-Pokal, die deutsche Meisterschaft und die Champions League. Saisonübergreifend haben sie dazu noch den UEFA Supercup und die FIFA Club Weltmeisterschaft gewonnen.

Ich will Dir damit sagen: Mache Fehler, falle hin, aber stehe um alles in der Welt wieder auf. Das heißt, sei nicht negativ und verkrieche Dich nicht. Nein, mache weiter, bleibe positiv und probiere es weiter. Verarbeite die Fehler und suche und nutze die nächste Chance, die sich ergibt - und die wird sich ergeben, ganz sicher. Wie bei dem Beispiel von FC Bayern. Im Moment ist es hart zu glauben, dass man verloren hat. Aber wenn Du aufstehst, weiter machst und daraus lernst, gewinnst Du danach mehr - anstatt eines Titels waren es dann fünf. Wenn Du dann auf den Rückschlag und die Niederlage zurückblickst, weißt Du, für was diese Enttäuschung gut war: Sie hat Dich besser gemacht.

Diese Beispiele und Situationen sind auch im Spiel selbst wichtig. Wenn Du Fehler machst, probiere, diese im Spiel schnell abzuhaken und ihnen nicht hinterher zu trauern, sondern weiterzumachen und zu versuchen, aus den Fehlern zu lernen und diese zu korrigieren. Wenn man ein Elfmeter verschießt und das Spiel noch lange dauert, dann muss man wieder aufstehen; man hat noch genug Zeit, seinen Fehler wieder gut zu machen und ein Tor zu schießen. Wichtig ist hier, sich nicht unterkriegen zu lassen, sondern schnell abzuschalten, aufzustehen und daraus zu lernen.

Der Sport und der Beruf sind dafür da, sich persönlich zu entwickeln. Der Mensch bleibt nicht stehen. Er will etwas erreichen - egal, ob es ist, ein Spiel über 90 Minuten zu machen oder überhaupt zum Einsatz zu kommen. Du entwickelst Dich immer weiter und lernst ständig dazu.

So ist es auch im Beruf. Fehler dürfen gemacht werden, aber es ist wichtig, aus ihnen zu lernen und sie nicht zu wiederholen. Begehe ich einen Fehler beim Bau eines Hauses und befestige ich einen Balken falsch herum, dann sollte ich diesen Fehler kein zweites Mal begehen. Der Vorgesetzte wird dies durchgehen lassen, da Fehler menschlich sind und vorkommen, aber es sollten nicht dieselben Fehler sein. Sollte der Fehler öfters vorkommen, dann hast Du nicht aus Deinen Fehlern gelernt. Dann kann es auch vorkommen, dass der Chef sich über den Fehler aufregt und es Dir in einem anderen Ton mitteilt.

Wenn Mitarbeiter Fehler machen und dadurch auffallen, dann arbeiten sie und trauen sich etwas. Diejenigen, die nicht auffallen, arbeiten weniger. Probiere also neue Dinge aus; mache Fehler. Egal, was Du anfängst: Du wirst am Anfang immer Fehler machen, ob bei Deiner Ausbildung oder bei einem neuen Job. Wichtig ist aber, aus diesen zu lernen und wieder aufzustehen. Daraus entsteht dann ein Lerneffekt, der Dir den Erfolg bringt.

Oft kann sich das, was zunächst als Fehler erscheint, im Nachhinein als große Chance erweisen.

Der Intelligenzforscher Howard Gardner hat den Werdegang von Spitzenkönnern untersucht. Gardner fand bei allen Spitzenleistern eine Haltung bzw. Gewohnheit: Sie glauben, Fehler seien Chancen. Was schiefgeht, ist als exzellente Gelegenheit zum Lernen zu betrachten. Negative Ereignisse sollten nicht ausgeblendet, sondern analysiert werden. Wer sich nicht von ihnen aus der Bahn werfen lässt, sondern aus ihnen lernt, geht gestärkt aus der Krise hervor.

18. Rückschläge verarbeiten und entspannen

Im Sport kennt das jeder! Nach einer Niederlage ist man meist sehr frustriert und schlecht gelaunt. Hier ist es dann wichtig, etwas für sich zu finden, um damit die Niederlage oder das negative Erlebnis zu verarbeiten. Es muss keine Niederlage sein, es kann auch ein Eigentor sein oder ein verschossener Elfmeter bei einem Stand von null zu null. Hier sollte jeder für sich herausfinden, wie er sich am besten positiv ablenken und das Ganze verarbeiten kann, z. B., indem man einen Spielfilm mit Happy End anschaut, ins Kino geht, sich eine Komödie ansieht, die einen zum Lachen bringt, in die Natur geht, Musik hört, Playstation spielt, ein Buch liest, mit Freunden darüber redet oder einfach nur auf der Couch liegt und Ruhe hat ... Hier sollte jeder wissen, was ihm gut tut und ihm hilft, die Niederlage oder das schlechte Erlebnis zu verarbeiten. Du solltest das machen, was Dir Spaß macht und Dich ablenkt. Jeder hat etwas, was er braucht, um sich abzulenken oder etwas zu verarbeiten. Wenn Du nicht weißt, was Dir beim Ablenken und Entspannen hilft, dann suche danach und probiere verschiedene Möglichkeiten aus.

Wichtig ist hier aber auch, dass man sich mit seinem Fehler beschäftigt und daraus lernt. Man sollte sich nicht nur ablenken und das negative Erlebnis so schnell wie möglich vergessen; nein, es sollte einen zum Grübeln bringen, aber nur so lange, bis man daraus gelernt hat, damit es sich nicht wiederholt. Dadurch entwickelst Du dich und lernst dazu. Der nächste Schritt ist dann, wie bereits gesagt, die Verarbeitung und Ablenkung, um gestärkt, frisch und mit klaren Gedanken ins nächste Training oder Spiel zu gehen. Solche Niederlagen und Rückschläge können einem viel mehr beibringen als alles andere.

Sport kann Dich auffangen. Wenn ich z. B. einen schlechten Tag im Job hatte, kann ich im Fußballtraining durch den Sport sehr gut abschalten und vergesse den Tag einfacher und schneller. Man hat nach dem Training einen klaren Kopf und kann das Problem besser analysieren und darüber nachdenken. Wer Sport treibt, fühlt sich besser. Es wird dadurch der Alltagsstress abgebaut. Bei den Teamsportarten geht das Abschalten meiner Meinung nach besser als beim Joggen. Beim Joggen gehst Du alleine; es fehlt die Kommunikation mit anderen Menschen. Beim Teamsport findet Kommunikation statt, und dabei geht es meistens um positive Sachen, die Dich vom Beruf ablenken. Die Gemeinschaft ist das Entscheidende. Sie wird in unserer heutigen Gesellschaft immer wichtiger. Gerade in der Zeit des Internets kommunizieren wir sehr viel über E-Mail, Facebook oder WhatsApp. Nach einem Training in der Gemeinschaft setzt man sich zusammen und unterhält sich. Das ist ein sehr wichtiger Prozess.

Wer viel trainiert, hat auch das Recht auf Erholung und Freizeit. Du musst nicht rund um die Uhr trainieren. Erholung und Freizeit helfen Dir auch, Deine Ziele zu erreichen. Verschnaufen nach einem Kraftakt ist sinnvoll. Die Selbstdisziplin auf zubauen bedarf auch Entspannungszeiten.

Ein gutes Beispiel dafür, wie wichtig Ruhe ist, ist die Weltmeisterschaft in Brasilien im Jahr 2014. Die Nationalmannschaft hat sich ein Camp ausgesucht, in dem es ruhig war und die Spieler nicht von vielen Fans gestört worden sind. Jeder Spieler konnte sich nach dem Spiel entspannen, sich auf seine Art erholen. Die meisten anderen Mannschaften waren in Hotels in den Großstädten untergebracht, wo es laut war und es keine Rückzugsmöglichkeiten gab. Der Trainer, Joachim Löw, hat dies auch als einen der wichtigen Punkte für den WM Sieg gesehen. Erfolg braucht Arbeitspausen.

So ist es auch im Beruf. Mache auch eine Pause und verschnaufe. Plane am Anfang des Jahres deine Pausen/Urlaub ein. Ohne Entspannung gibt es keine Anspannung. Wer viel arbeitet, braucht auch etwas, um wieder Kraft zu tanken und seinen Akku aufzuladen. Wer viel arbeitet, hat auch das Recht auf Erholung und Freizeit. Du musst nicht rund um die Uhr arbeiten. Erholung und Freizeit helfen Dir auch, Deine Ziele zu erreichen. Wenn Du Dir die Pausen nicht gönnst, holt sie sich der Körper in Form von Krankheit selbst. Dann bist Du gezwungen, eine Pause zu machen.

In der Ruhe und Entspannung kannst Du auf Deine innere Stimme hören und Deine Ziele finden, die Dir wichtig sind und die Du erreichen möchtest. So sagte es auch schon der Philosoph Friedrich Wilhelm Nietzsche: „Der Weg zu allem Großen geht durch die Stille".

Über die Ruhe kam ich auf die Idee, dieses Buch zu schreiben. Ich war mit meiner Frau im Urlaub in Kuba. Kuba ist ein wunderschönes Land, wo es sehr viel zu sehen gibt. Aber was diesen Urlaub so speziell und einzigartig gemacht hat, war, dass es in dem Land im Gegensatz zu anderen Urlaubsorten keinen Handyempfang gab. Und wenn es einen gab, dann war der Zugang teuer, oder man hatte nur analogen Anschluss, kein DSL. Wir haben also 14 Tage ohne Smartphone, ohne PC, ohne Internetzugang verbracht. Die erste Woche machten wir eine Rundreise und in der zweiten Woche waren wir an einem wunderbar ruhigen Strand. Ich erlebte die absolute Entspannung. Was habe ich dann gemacht? Ich habe Bücher und Zeitschriften gelesen und hatte dann viele kreative Ideen; ich verspürte sehr viel Energie. Eine von den Ideen war das, was Du gerade liest - dieses Buch über Sport zu schreiben.

Auch gehören Niederlagen in der Businesswelt dazu, z. B. wenn Du einen Vortrag hältst, der komplett daneben geht. Die Zuhörer sind irritiert und Du hast das Gefühl, Dich blamiert zu haben. Du gehst mit einem schlechten Gefühl aus der Sitzung, und der weitere Arbeitstag läuft ebenfalls schlecht. Du beendest den Tag sehr niedergeschlagen. Hier ist es jetzt wichtig, die schlechte Situation zu verarbeiten und am nächsten Tag wieder positiv gestimmt und mental gestärkt ins Geschäft zu gehen. Wie beim Sport, muss jeder für sich selbst herausfinden, was für ihn am besten ist, um die Niederlagen oder schlechten Momente zu verarbeiten - Sport treiben, Joggen gehen, Fußball spielen, lesen, Filme schauen, Playstation spielen, in die Natur gehen oder einfach nur auf der Couch liegen und Ruhe um sich haben ... Finde das, was Dich die negativen Gedanken schneller verarbeiten lässt. Das, was Dich wieder positiv denken lässt und Deine Glückshormone wieder freisetzt. Für mich ist es, Sport zu treiben und in der Natur spazieren zu gehen. Wichtig ist, hierbei aus dem Fehler zu lernen.

Du solltest Dir im Klaren sein, dass es im Beruf, im Privaten – im Leben – wie im Sport immer ein Auf und Ab gibt. Wenn Du einen schlechten Tag hattest, solltest Du wissen, dass die Chance, es besser zu machen, am nächsten Tag wieder da ist. Es gibt mal schöne Momente und mal weniger schöne. Es sollte einem immer bewusst sein, dass die schlechten Momente vergehen und bessere wieder kommen werden. Mache Dir das immer wieder bewusst: Nach den Regentagen kommen auch die Sonnentage.

19. Spaß, Sinn und Leidenschaft

Fragen wir mal wieder Wikipedia: Liebe Wikipedia, was ist Spaß? „Spaß ist eine im Deutschen seit dem 16./17. Jahrhundert belegte Substantivbildung aus dem italienischen spasso „Zerstreuung, Zeitvertreib, Vergnügen". Das Wort wurde, angelehnt an das italienische Original, zunächst auch als Spasso geschrieben. Heute wird mit etwas macht Spaß eine Tätigkeit beschrieben, die gerne gemacht wird, die Freude, wobei diese meist nachhaltiger ist, bereitet."

Hört sich kompliziert an. Aber lass Dich nicht erschrecken. Das Wichtigste ist der letzte Satz: Mit Spaß wird eine Tätigkeit beschrieben, die gerne gemacht wird, die Freude bereitet.

⚽ Nur wenn Dir die Sportart, die Du betreibst, Spaß macht und sie Dir Freude bereitet, wirst Du auch Leistung bringen. Der zweite wichtige Faktor ist, den Sinn darin zu sehen, was Du tust und warum Du es tust. Nur wenn ich weiß, warum ich meine Position spiele und was meine Aufgaben im Team sind, werde ich mich damit besser identifizieren können und dabei Spaß haben. Du solltest nicht gezwungen werden, die Sportart zu treiben. Es darf keine Belastung sein, sondern sollte Dir Freude bereiten. Wenn ich beim Sport Spaß habe, stecke ich meine Mitspieler an; diese spüren meine Begeisterung, und das entfacht bei allen Freude. Wie ich das am besten merke ist, dass die Zeit sehr schnell vorbei geht. So wie in der Erklärung oben von Wikipedia: Zeitvertreib. Das heißt, man vertreibt seine Zeit mit Spaß.

Der Erfolg kommt dann von alleine. Die Voraussetzung dafür ist, dass man sich mit dem Sport identifiziert und dass er Spaß macht. Finde die Sportart und die Position, an der Du am meisten Spaß hast und in der Du Deine Stärken siehst. Da wirst Du am liebsten spielen, und Du wirst auch am erfolgreichsten sein. Den

Menschen, die mit Spaß und einem Lachen an den Sport herangehen, folgt man automatisch, und man hat gerne Kontakt zu ihnen. Menschen, die eher wenig Spaß und Begeisterung ausstrahlen, geht man eher aus dem Weg und möchte nicht viel mit ihnen zu tun haben. Du wirst, da Dir alles Spaß macht, dadurch eher bereit sein, Mühen und Anstrengungen auf Dich zu nehmen.

Gehen wir mal auf die Leidenschaft ein. Leidenschaft ist ein stürmisches, oft überfließendes Begehren. Leidenschaft bedeutet Aufopferung und bedingungslose Hingabe, eine Art Verschwendung von Zeit, Kraft und materiellen Mitteln an Dinge, Menschen oder höhere Ideen. Leidenschaft zeigt sich als starke Kraft. Leidenschaft ist eine Emotion, die Energien freisetzen kann, von denen man gar nicht wusste, dass man sie hat. Im Sport kann ein Spieler ein ganzes Team mit seiner Leidenschaft anstecken. Das ist keine Frage der technischen Fähigkeiten eines Spielers, sondern der Art seines Charakters und seiner Hingabe an die Mannschaft und den Fußball. Leidenschaft äußert sich darin, dass man Dinge tut, die andere Spieler nicht tun. Der leidenschaftliche Spieler gibt den Ball, der verloren scheint, nicht auf, sondern sprintet ihm nach. Solche Momente stärken eine Mannschaft, verändern ihre Aura. Leidenschaft macht ein Team schneller, entschlossener, und steigert seine Spannkraft. Ein gutes Beispiel ist, das mit Leidenschaft manchmal im DFB-Pokal unterklassige Teams von der Regionalliga Bundesliga-Teams aus dem Wettbewerb werfen. Die machen das ganze aus Leidenschaft und Begeisterung, und sie wachsen über sich selbst hinaus. Da hilft es manchmal nichts, ein Riesentalent und erstklassige Spieler in der Mannschaft zu haben.

Bei Kindern ist das am besten zu sehen, wenn sie aus Spaß und Leidenschaft spielen. Sie könnten am liebsten den ganzen Tag spielen. Die Zeit spielt keine Rolle und vergeht im Hand umdrehen. Die Kinder müssen gezwungen werden aufzuhören. Sie sind in ihrem Element. Sie machen das Ganze mit Spaß, Leidenschaft und Hartnäckigkeit, sodass sie Hunger und Durst vergessen.

Ein genauso wichtiger Punkt ist die Identifikation mit dem Verein bzw. mit den Mitspielern. Nur, wenn Dich etwas mit dem Verein verbindet oder Du Freunde und gute Mitspieler hast, wirst Du auch langfristig Leistung bringen. Die Vereine, die ihre Spieler mit Geld anlocken, werden auch nur kurzfristigen Erfolg haben, da die Spieler nur des Geldes wegen dorthin gehen. Diese Spieler identifizieren sich nicht mit dem Verein und werden diesen verlassen, sobald ein anderer Verein mehr zahlt. Das Wohlfühlen im Verein ist das Entscheidende und nicht das Geld. So ist es beim Sport und auch im Beruf.

Philipp Lahm schrieb in seinem Buch, „dass allein Ehrgeiz nicht genügt, um Fußballprofi zu werden. Disziplin allein genügt auch nicht. Es braucht diesen Spaß am Spiel, dieses erfüllende Gefühl, sobald Du auf dem Platz stehst."

Mit Spaß, Identifikation und Leidenschaft steckst Du ebenfalls Deine Mitspieler an, und es erscheint alles einfacher. Setze Dir Ziele, bei denen es Dir Spaß macht, diese zu erreichen.

So ist es auch beim Beruf. Heutzutage müssen wir mit 67 Jahren in die Rente, d. h. wenn wir mit 20 Jahren anfangen zu arbeiten, müssen wir bis zur Rente 47 Jahre arbeiten. Das kann man nur so lange machen, wenn es einem Spaß macht, zur Arbeit zu gehen. Die Arbeit muss nicht jeden Tag Spaß machen, aber die Tage, an denen Du Spaß hast, sollten überwiegen. Nur, wenn Du die Arbeit gerne machst, wirst Du auch Leistung bringen. Nur, wenn Du den Sinn an der Arbeit verstehst, wirst Du diese gerne und mit Spaß angehen. Wenn die Zeit bei der Arbeit schnell vergeht, dann hast Du das Richtige gefunden. Honoriert wird es, wenn man sieht, dass die Leistung stimmt und dass Du Dich mit dem Arbeitsplatz identifizierst.

Es bringt nichts, ein sehr gutes Gehalt zu haben, wenn der Spaß und die Identifikation mit der Arbeit nicht vorhanden sind. So wirst Du langfristig nicht bei der Arbeit bestehen. Die Arbeit wird eher eine Belastung und Du quälst Dich jeden Morgen aus dem Bett zur Arbeit. Suche danach, was Dir Spaß macht. Höre auf Dein Herz und Dein Gefühl, und der Rest kommt von alleine. Wenn Du noch nicht weißt, was Du werden willst, suche danach. Frage Dich: „Wozu bin ich berufen? Was ist meine Aufgabe? Was macht mich einzigartig? Und würde ich diese Arbeit auch machen, wenn ich kein Geld dafür bekommen würde?" Hinterfrage den Sinn Deines Tuns: „Warum mache ich das? Was hat es für eine

Bedeutung? Wozu soll es dienen? Was erfahre oder erhalte ich dadurch?" Das sind die Fragen, die dich beschäftigen sollten.

Wenn Du die Antworten darauf hast, wirst Du die Energie und Motivation aufbringen, um das Ziel zu erreichen. Wenn Du Dir diese Fragen nicht beantworten kannst und Dir keine Gedanken darüber machst, dann kann es schnell passieren, dass Du die Motivation verlierst und Antriebslosigkeit und Frustration sich breitmachen. Damit kann dann auch der Misserfolg kommen. Dann arbeitest Du zwölf Monate im Jahr ohne Begeisterung, um vielleicht drei Wochen in Urlaub fahren zu können, um Dich von dem anstrengenden Job zu erholen. Lasse es nicht soweit kommen! Finde den Job, der Dir Spaß macht und mit dem Du Dich Identifizieren kannst. Eine Identifikation mit dem Produkt, das das Unternehmen verkauft, sollte gegeben sein. Du solltest auch gerne mit den Arbeitskollegen zusammenarbeiten. Es muss nicht immer so sein. Du darfst Dich auch mal mit jemandem in die Haare bekommen. Nicht mit jedem Arbeitskollegen kannst Du gleich gut, aber das Positive sollte auch hier überwiegen.

Auch im Beruflichen gilt: den Menschen, die mit Spaß und einem Lachen an die Arbeit gehen, folgst Du automatisch, und Du hast gerne Kontakt mit ihnen. Menschen, die eher wenig Spaß und Begeisterung (Leidenschaft) ausstrahlen, gehst Du eher aus dem Weg und möchte nicht viel mit ihnen zu tun haben.

5400 Arbeiter sind darüber befragt worden, was eine gute Arbeit ausmacht. 85 Prozent haben mit „Spaß an der Arbeit" geantwortet und 73 Prozent mit „eine sinnvolle Arbeit".

Steve Jobs, der geniale Erfinder von Apple und dem iPhone, hat in seiner Rede an Studenten der Stanford Universität gesagt: „Man muss das finden, was man liebt. Und das ist wahr in Bezug auf die Arbeit und im Liebesleben. Arbeit wird einen großen Teil des Lebens ausmachen. Und der einzige Weg, um wirklich erfüllt zu sein, ist das zu tun, wovon man glaubt, es sei eine großartige Arbeit. Und der einzige Weg, großartige Arbeit zu tun, ist zu lieben, was man tut." Die komplette Rede kannst Du Dir auf Youtube anschauen. (Rede Steve Jobs an der Stanford)

Gemeinschaft ist wichtiger als Gehalt. Die Arbeit und der Sport ist dafür da, dass Du Dich entwickelst und das Du über Dich hinauswächst. Die Menschen müssen sich mit ihrer Arbeit identifizieren, um diese gut zu machen. Je mehr sie vom Sinn ihrer Arbeit überzeugt sind, desto mehr engagieren sie sich und machen mehr als nur das Nötigste.

Also suche nach einer Arbeit, mit der Du Dich identifizieren kannst, die Dir Spaß macht und in der Du einen Sinn erkennst.

Ich hatte sehr viel Spaß dabei, dieses Buch zu schreiben, und habe mich sehr damit identifiziert. Ich habe so viel Sinn darin gesehen, dass ich mich immer wieder überwunden habe, an diesem Buch daran zu bleiben. Mir ging es nicht mehr aus dem Kopf. Der Sinn war – Dir – damit etwas auf den Weg mitzugeben. Etwas, was Dir für die Zukunft hilft. Das hat mich motiviert. Ich habe mich zwei Jahre neben meiner Arbeit, Hobby, Familie und Freunden regelmäßig darangesetzt, um es fertig zu schreiben. Ich hatte Spaß daran und habe einen Sinn darin gesehen. Ich habe nicht an irgendwelche Hindernisse gedacht und daran, ob es erfolgreich wird oder nicht. Ich habe es gemacht, weil es mir Spaß bereitet hat.

„Wenn wir zur Freude die Sinnhaftigkeit hinzufügen, erleben wir größeres Glück" (Paul Dolan).

Ehrenamtliche Tätigkeiten werden als besonders sinnhaft erlebt.

20. Glaube/ Spiritualität

„Gott ist Ruhe, und er beruhigt alles. Ihn anschauen, heißt selber ruhen."

Dies ist ein sehr kurzes Kapitel, was nichts aussagt über die Wichtigkeit des Themas.

Ich möchte dir mitgeben, dass du an etwas Übernatürliches glauben darfst in diesem Leben. Etwas, das dir halt gibt, wenn es dir mal nicht so gut geht oder du dich einsam, verlassen und unruhig fühlst. Gott, Schicksal, Universum,

Quelle, Liebe, Vater, Mutter, Natur... Gib ihm den Namen der für dich passt. Es gibt nämlich Momente im Leben, da kannst du die Welt nicht verstehen und hier hilft dir der Glaube und gibt dir großen halt. Es heißt nicht, dass du nur beten und hoffen sollst. Nur der Glaube wird dir nicht helfen. Es muss gekoppelt werden mit Handlung und anschließend kommt der Erfolg. Den Gott handelt durch dich. Er ist das Gute, die Hoffnung, die Liebe, die Wahrheit. Vertraue dir und vertraue auf Gott.

21. Voraussetzung für den Erfolg – TUN / Erschaffen.

„Optimisten schreiten zur **Tat**, Pessimisten zur Ausrede".

So, jetzt komme ich zum letzten Kapitel, dem Schluss dieses Buchs. Du hast es gleich geschafft. Bitte konzentriere Dich noch einmal - tief Luft holen! Rücke die Leselampe nochmals zurecht und setze Dich gerade hin. Der Schluss soll es ja in sich haben :-)!

Ja, Du siehst richtig, das ist das richtig. Bei diesem letzten Kapitel möchte ich erst mit dem beruflichen Bereich anfangen.

Die Voraussetzung für alles, was in diesem Buch steht, ist, sich zu trauen und das zu tun, was man möchte. Die ganzen Ideen, Träume und Ziele, die Du hast, bringen nur etwas, wenn Du sie umsetzt. Nur allein durch Träumen und Glauben ist noch keiner ans Ziel gelangt. Traue Dir etwas zu und spreche offen und ehrlich mit Deinem Mentor über Deine Ziele und Ideen. Hast Du eine Idee, rede darüber mit Deinem Mentor und arbeite die Idee aus. Oft wird aus Ideen, die am Anfang nicht gut ankommen, der größte Erfolg. Du musst diese einfach nur umsetzen und den ersten Schritt machen. Wenn Du mehr Verantwortung möchtest, gehe aktiv auf Deinen Vorgesetzten zu und sage, Du fühlst Dich bereit, jetzt oder in naher Zukunft mehr Verantwortung zu übernehmen. Sprich mit Deinem Vorgesetzten/Mentor darüber, wie das in Zukunft zu realisieren wäre. Was für eine Weiterbildung wäre von Bedeutung? Welches Seminar sollte besucht werden? Dein Vorgesetzter/Mentor wird Dir dann die nötigen Schritte aufzeigen und Dich unterstützen.

Du solltest mit Menschen sprechen, die bereits das erreicht haben, was du erreichen möchtest.

Gehe auf ihn zu. Hab keine Angst vor diesem Schritt. Was kann Dir schlimmstenfalls passieren? Dass Dein Chef sagt, er findet die Idee nicht allzu gut! Oder dass das Geld (Budget) nicht vorhanden ist, um die Idee umzusetzen. Du hast es also getan und weißt jetzt, dass es wegen der Kosten noch nicht umsetzbar ist. Glaube daran, dass es etwas bringt und dass es richtig ist, was Du getan hast. Hole Dir Feedback und spreche mit mehreren Personen darüber und nicht nur mit einer Person. Fehler sind nicht schlimm. Aus denen wirst Du nur wachsen und Dich entwickeln. Wichtig ist nur, die Fehler nicht zu wiederholen. Die Voraussetzung für den Erfolg und die Veränderung ist die Tat. Lass Dich nicht von anderen Leuten negativ beeinflussen; mache Deine eigenen Erfahrungen.

Ein wichtiger Schritt ist die richtigen Dinge in der richtigen Reihenfolge zu machen. Nicht den zehnten Schritt vor dem ersten machen.

⚽ Nun zum Sport: Das aller, aller, und noch einmal aller Wichtigste ist, dass Du etwas für den Erfolg tust. All die Punkte, die ich in diesem Buch erwähnt habe, solltest Du TUN und leben. Es bringt nichts, wenn Du sie weißt, aber nichts dafür tust. Das heißt, gehe immer zum Training, sei der Erste, der kommt, und der Letzte, der geht. Messis erster Trainer beim FC Barcelona, Rodolfo Borrel - da war Messi 14 Jahre alt - hat gesagt: „ Messi wollte immer nur trainieren. Und wenn das Training vorbei war, übte er Freistöße. Alle anderen waren schon längst vom Platz gegangen, er aber wollte immer noch weitermachen!" Du siehst, dass auch ein Spieler mit einem Talent wie Lionel Messi Training braucht, um eine solche Leistung zu bringen. Das ist die Voraussetzung für alles. Das Ganze bringt nichts, wenn man nichts dafür tut. Bleibe beharrlich an Deinen Zielen 'dran. Sprich mit Deinem Trainer, wenn Du

ein Problem hast, und übernehme Verantwortung. Sei der Spieler, der etwas erreichen möchte. Du kannst Dich im Sport nicht verbessern, wenn Du nichts dafür tust. Bereite Dich gut auf das Spiel vor. Gehe zum Training, wann immer Du kannst. Du wirst keine 30 Tore schießen, wenn Du das Tore schießen nicht trainierst. Positives Denken reicht nicht aus. Du musst etwas dafür tun. Hast Du ein Talent? Auch das wird Dir nicht weiterhelfen, wenn Du für das Talent nichts tust. Das heißt, hart dafür zu trainieren, Tag für Tag. Gehe aktiv auf die Verantwortlichen im Verein zu und sage, Du würdest sehr gerne mehr Verantwortung übernehmen. Frage, wo Hilfe benötigt wird, wo Du dich einbringen kannst. Es gibt genug verschiedene Aufgaben im Verein, die einem Spaß machen können: Jugendtrainer, Betreuer, Marketing, Organisation von Festen, ... Schaue Dir an, was Dir Spaß machen könnte, und übernimm diese Aufgabe. Die Verantwortlichen im Verein werden dankbar sein. Diese ganzen Aufgaben, die Du im Verein übernimmst, werden Dich später, egal in welcher Form, auch im beruflichen Bereich weiterbringen. Du wirst Dich dadurch entwickeln, und Du wirst vieles später im Beruf wiederfinden. Der Einstieg in den Beruf wird Dir dann auch leichter fallen - versprochen!
Du erkennst die in diesem Buch beschriebenen Parallelen. Also gehe zum Training und spiele, so oft Du kannst. Entwickele Dich. Versuche, dazu zu lernen und besser zu werden. Verfolge Deine Träume und Ziele. Sage nicht: „Nein, es ist zwecklos. Ich schaffe das nicht." Sage lieber: „Ich will und mache es". Sei ein Macher.

Du lernst nie aus, egal in welchem Alter. Ob mit 10, 20, 40 oder 60 Jahren, es gibt so viel im Beruf und im Sport zu entdecken und zu lernen. Deshalb bleibe hungrig und neugierig, das ist ein wichtiger Punkt im Leben. Aus Fehlern lernen, wieder aufstehen, beständig bleiben. Neugierig bleiben und sich weiterbilden ist ein Schlüsselattribut. Lerne immer dazu, ob im Sport oder im Beruf. Werde ein Spezialist in Deinem Fach. Lies Fachzeitschriften oder Bücher. Dadurch entwickelst Du Dich und Deinen Horizont weiter. Durch jedes Buch wird das Wissen größer. Hier empfehle ich dir das Lesen als Gewohnheit täglich in den Leben zu implementieren. Lerne dein Leben lang. Deshalb probiere auch immer wieder neue Dinge aus, ob es Klettern ist, Ski fahren, Wandern... alles bringt Dich weiter. Nimm jede Fortbildung an, die Dir angeboten wird, sie wird Dir immer etwas bringen.

Die Zeit ist begrenzt, also verbrauche sie nicht nur mit Dingen, die Dich nicht weiterbringen. Habe den Mut, dem eigenen Herzen und der Intuition zu folgen. Die organische Uhr tickt. Irgendwann wird der Körper nachlassen und nicht mehr die Leistung bringen können, die der Kopf möchte. Der Körper wird langsamer, hat nicht mehr die Spritzigkeit. So ist das Leben. Das hört sich jetzt etwas traurig an, aber es soll nicht traurig und sentimental klingen; es soll Dich motivieren, zum Training zu gehen und Dich zu entwickeln, etwas zu bewirken und zu verbessern, Erfolg zu haben im Sport und im Beruf! Nach der aktiven Zeit im Sport, kommt die nächste schöne Zeit; da wirst Du vielleicht Trainer oder hast eine andere Funktion im Verein, die Dich wieder fordert und Dich reifen und Dich entwickeln lässt.

So, und zu guter Letzt, wünsche ich Dir viel Erfolg und vor allem viel SPAß beim umsetzen. Ein Zitat habe ich noch - das ist dann das Letzte!

„Das große Ziel der Bildung ist nicht Wissen, sondern handeln."

Herbert Spencer

Epilog - Fußball Sport verbindet

Liebe Freunde des Erfolgs und des Sports,

herzlichen Dank für Deinen Zeitaufwand und die Aufmerksamkeit und Konzentration, die Du dem Buch geschenkt hast. Ich hoffe, es hat Spaß gemacht, das Buch zu lesen. Jetzt, nachdem Du damit fertig bist, siehst Du Deine Sportart etwas anders, und erkennst die Parallelen zwischen dem persönlichen und beruflichen Bereich, siehst das Ganze also mit anderen Augen. Natürlich musst Du nicht alle Punkte erkennen und anwenden, bzw. Dich darin wiederfinden, aber wenn Dich nur einige Punkte in Deinem sportlichen, privaten oder beruflichen Bereich weiterbringen können und Dir in bestimmten Situationen helfen, dann freue ich mich und habe das erreicht, was ich wollte.

Lies nicht nur das Buch, sondern nutze und wende das Erlernte an. Stöbere immer wieder durch die Kapitel. So frischst Du Dein Wissen auf. Du wirst vieles wiedererkennen und dadurch Deine Leistung bringen.

Du wirst ein guter Spieler und hast dadurch Erfolg - und durch den Erfolg macht es Spaß und Du hast Freude. Das steigert Dein Selbstbewusstsein und entwickelt Deine Persönlichkeit.

Wenn du mir deine Meinung zu dem Buch mitteilen möchtest freue ich mich über deine Nachricht. Meine E-Mailadresse lautet info@morishanna.com

Nun wünsche ich Dir viel Spaß und viel Erfolg beim Sport machen, ob Fußball, Handball, Volleyball, Tennis, Badminton... und viel Spaß und Freude in deinem Leben.

Liebe und erfolgreiche Grüße,

Moris Hanna

Dankesworte

Zuallererst bin ich sehr froh und stolz meiner Dankbarkeit hiermit Ausdruck geben zu können. Danke dir das du das Buch gelesen hast.

Danke an meinen Eltern Noura und Jamil, die mich in dieser schönen Zeit zur Welt gebracht und mich großgezogen haben. Ich danke Euch für eure Werte, die ihr mir mitgegeben habt. Als nächstes danke ich meinen jüngeren Brüdern Rassan und Samuel, die mir so viel beigebracht und meinen Horizont erweitert haben. Danke an meine ältere Schwester Rahel für deine Liebe und dein Vertrauen. Danke an meine jüngeren Schwestern Nasli und Maria. Ich bin so dankbar, dass es euch gibt. Danke meinem Freund Bekim seiner Frau Johanna und Florian Doll für eure Freundschaft und euer Vertrauen. Danke, Thorsten Raus mein langer Wegbegleiter und Freund. Danke für deine Unterstützung und deine Impulse. Daniel Oberle, danke für deine Meinung und deine Ideen, die mit in das Buch eingeflossen sind. Danke Jürgen Mäder für deine Unterstützung und Motivation an dem Buch dranzubleiben und es zu veröffentlichen. Danke auch hiermit an meinem alten Arbeitgeber und allen meinen Vorgesetzten. Ich durfte von euch allen so viel lernen. Manchmal bewusst und sehr oft unbewusst. Ein Dank auch an meine Mitarbeiter und allen Arbeitskollegen, mit denen ich regelmäßig in Kontakt bin.

Zu guter Letzt geht ein Dank an meinem Vater, der mich immer getragen hat und an Jesus Christus.

Ohne euch allen, wäre das Buch so nicht geschrieben worden. Von Herzen nochmal vielen Dank. In ewiger Verbundenheit und LIEBE.

Euer Moris

Quellenverzeichnis:

Josef Hochstrasser: „Ottmar Hitzfeld – Die Biografie". 2008 Verlag Fischer Scherz

Michael Rosentritt: „Sebastian Deissler – zurück ins Leben. Die Geschichte eines Fussballspielers". 2009 edel-Verlag

Zeitschrift Havard business manager, Juli 2014

Zeitschrift:Psychologie Heute Nr. 43254 und Nr. 392014 S. 15

Zeitschrift: Geo Wissen Nr. 53

Carsten Maschmeyer: „Selfmade - die Erfolgsformel". 2018 Ariston-Verlag

Helmut A. Gangsterer: „Endlich alle Erfolgsgeheimnisse – Bitte nicht weitersagen". 2011 Ecowin Verlag

Götz W. Werner: „Womit ich nie gerechnet habe – Die Autobiographie". 2015 Ullstein Taschenbuchverlag

Napoleon Hill: „Denke nach und werde reich. Die Erfolgsgesetze". 2005 Ariston Verlag

Moris Hanna wurde am 23.11.1982 als ältester Sohn von aramäischen Eltern in Syrien geboren. Seine Eltern leben in bescheidenen Verhältnissen. Als Moris sieben Jahre alt war, sind seine Eltern mit der ganzen Familie nach Deutschland geflohen. Hier ging er auf die Schule, studierte nebenberuflich BWL, gewann den Preis als beste Nachwuchskraft in einem Großkonzern und ist nun Experte für Unternehmenserfolg und Mentor.